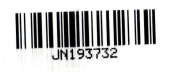

全集

伝え継ぐ　日本の家庭料理

すし

ちらしずし・巻きずし・押しずしなど

（一社）日本調理科学会　企画・編集

はじめに

日本は四方を海に囲まれ、南北に長く、気候風土が地域によって大きく異なります。このため各地でとれる食材が異なり、その土地の歴史や生活の習慣などともかかわりあって、地域独特の食文化が形成されています。地域の味は、親から子、人から人へと伝えられていくものですが、食の外部化が進んだ現在ではその伝承が難しくなっています。このシリーズは、日本人の食生活がその地域ごとにはっきりした特色があったとされる、およそ昭和35年から45年までの間に各地域に定着していた家庭料理を、日本全国での聞き書き調査により掘り起こして紹介しています。

この本では、さまざまな「すし」80品を取りあげました。色とりどりのちらしずしに巻きずし、いなりずし、にぎりずし。葉っぱを使ったすしに押しずしや箱ずし、魚の姿ずしなど、それぞれの地域のおいしいものをのせたり混ぜたりして、つくり続けてきたすしです。

すしの多くはハレの日の料理としてつくられ、たくさんの人が見て味わうものでした。そのため、魚の尾がピンと立った姿ずし、色合いの違う具を彩りよく並べた押しずしなど、味つけだけでなく見た目の仕上がり具合にも気をつかっています。季節の移り変わりとともに具も変わり、暦の節目も表わしました。

聞き書き調査は日本調理科学会の会員が47都道府県の各地域で行ない、地元の方々にご協力いただきながら、できるだけ家庭でつくりやすいレシピとしました。実際につくってみることで、読者の皆さん自身の味になり、そこで新たな工夫や思い出が生まれれば幸いです。

２０１７年11月

一般社団法人 日本調理科学会 創立50周年記念出版委員会

目次

イラスト／武藤良子（目次、p122、124）

凡 例

◎「著作委員」と「協力」について

「著作委員」はそのレシピの執筆者で、日本調理科学会に所属する研究者です。「協力」は著作委員がお話しを聞いたり調理に協力いただいたりした方（代表の場合を含む）です。

◎ エピソードの時代設定について

とくに時代を明示せず「かつては」「昔は」などと表現している内容は、主に昭和35 ～ 45年頃の暮らしを聞き書きしながらまとめたものです。

◎レシピの編集方針について

各レシピは、現地でつくられてきた形を尊重して作成していますが、分量や調理法はできるだけ現代の家庭でつくりやすいものとし、味つけの濃さも現代から将来へ伝えたいものに調整していることがあります。

◎ 材料の分量について

・1カップは200mℓ、大さじ1は15mℓ、小さじ1は5mℓ。1合は180mℓ、1升は1800mℓ。

・塩は精製塩の使用を想定しての分量です。並塩・天然塩を使う場合は小さじ1=5g、大さじ1=15gなので、加減してください。

◎ 材料について

・油は、とくにことわりがなければ、菜種油、米油、サラダ油などの植物油です。

・濃口醤油は「醤油」、うす口醤油は「うす口醤油」と表記します。ただし、本書のレシピで使っているものには各地域で販売されている醤油もあり、原材料や味の違いがあります。

◎ 道具について

・すし型、すし箱のサイズは内径で、縦×横×高さの順に示しています。

・すし桶、すし型、押しずし型を使うときは、酢水や水で中をぬらし、布巾などで水分をふきとってから使います。

◎ 料理の分類について

ここでは、「すし」と呼ばれる料理の中から、ご飯を主に食べるものについて掲載しています。魚と飯を発酵させる「なれずし」の中でも、魚が主体のものは本シリーズで今後発行する「魚のおかず」「四季の行事食」などで紹介する予定です。

◎ すし飯と錦糸卵のつくり方について

とくにことわりがなければ、すし飯と錦糸卵は以下の要領でつくります。

〈すし飯のつくり方〉

1 米は洗って分量の水に30分～1時間つけ、材料に昆布や酒などがある場合は入れて普通に炊く。

2 合わせ酢は混ぜておく。砂糖が溶けにくい場合は、沸騰しない程度に加熱して溶かす。

3 ご飯が熱いうちにすし桶にあけて合わせ酢を回しかけ、切るように混ぜてなじませる。

4 うちわであおいで人肌に冷ます。

5 ぬれ布巾をかけておく。ちらしずしやばらずしの場合は、すし飯が冷めないうちに具を混ぜる。

〈錦糸卵のつくり方〉

1 卵は溶きほぐし、調味料を入れてよく混ぜる。

2 フライパンを強めの中火にかけて油を熱し、余分な油はペーパーなどで軽くふき取る。熱くなったら卵液を入れ、フライパンを動かして広げる。

3 卵の表面が乾き、縁がちりちりしてはがれてきたら、火を止めて箸を1本差し込む。箸を回しながら中央に入れてひっくり返し、余熱で火を通す。

4 乾いたまな板やザルにとって冷ます。4～5cm幅に切って重ね、せん切りにする。

計量カップ・スプーンの調味料の重量 (g)

	小さじ1（5mℓ）	大さじ1（15mℓ）	1カップ（200mℓ）
塩（精製塩）	6	18	240
砂糖（上白糖）	3	9	130
酢・酒	5	15	200
醤油・味噌	6	18	230
油	4	12	180

ちらしずし ばらずし

さまざまな具を混ぜたすし飯の上に具を飾るすしを、主に東ではちらしずし、西ではばらずしや混ぜずしと呼びます。岡山、広島、香川、大分など、瀬戸内海沿岸の地魚や野菜をふんだんに使った、ちょっとぜいたくなばらずしから紹介します。

〈岡山県〉

ばらずし

行事や祭り、結婚式、棟上げなどのおめでたい席の料理としてつくられる、岡山を代表するすしです。その誕生は江戸時代に遡り、宴席の食事を一汁一菜と制限した藩主の倹約令に対して、豪華な食事を楽しみたい町民がすし飯の下に具を隠して混ぜて食べたとか、すし飯の上にたくさんの具をのせても「一菜」だといってつくった、などの諸説があります。それだけ県民にはなじみの深いすしです。

具は季節で変わりますが鰆《さわら》や穴子、藻貝《モガイ》(赤貝とも呼ばれる和名サルボウガイ)は入れたいところ。初夏には甘味の濃いえんどう豆「アラスカ」を入れると、ぐっと岡山らしさが出ます。一つひとつの具を仕込む手間はかかりますが、豪華で見栄えもいいので、ばらずしとお吸い物くらいで十分ハレの日の料理になっていました。

家々の味がありますが、よそから嫁いできた人にも姑さんや近所の人が教えてくれて、自然とばらずしづくりが身についていったものだそうです。

協力＝石井つる子、石井裕子、片山佳代子

著作委員＝小川眞紀子

＜材料＞ 20人分

【すし飯】

米…1升

水…1升弱(1750mℓ)

酒…1/4カップ

昆布…5cm角

合わせ酢

酢…1カップ弱(180mℓ)

砂糖…240g

塩…大さじ1強(18g)

あればサワラの漬け汁…大さじ2と2/3

【具】

サワラ(正味)…400g

塩…小さじ1/2

酢…1カップ

アナゴ(開き)…4〜5本

醤油、砂糖、酒…各大さじ2

エビ…10尾

酒…1.5カップ

みりん、うす口醤油…各大さじ4

塩…ひとつまみ

藻貝(正味)…100g

酒、水…各1/4カップ

砂糖…大さじ1

うす口醤油…大さじ2

ゆでダコ…200g

酢…3/4カップ

酒、砂糖、みりん、うす口醤油…各大さじ1

イカ…1ぱい(200g)

酒…1カップ

砂糖、みりん、うす口醤油…各大さじ1

塩…小さじ1/3

卵…10個、砂糖…大さじ1

塩…小さじ1/3

油…適量

にんじん…1本

ごぼう…1/2本

干し椎茸…20枚(30g)

戻し汁…4カップ

砂糖…60g

酒…2/5カップ(80mℓ)

うす口醤油…大さじ4

みりん…大さじ1

塩…小さじ1/4

れんこん…1/2本

酢、水…各大さじ4

砂糖…40g

塩…小さじ1/2

ゆでたけのこ…中1個分

わらび…10本

さやえんどう…60枚

そら豆…20粒

木の芽…適量

しょうがの甘酢漬け…適量

八方だし…約4カップ分

(だし汁4カップ、塩小さじ1/2、酒大さじ1、みりん・うす口醤油各小さじ1を合わせる)

＜つくり方＞

1 酒、昆布を加えてご飯を炊く。

2 合わせ酢は砂糖と塩が溶ける程度に沸かし、火を止める前にサワラの漬け汁を混ぜて冷ます。

3 ご飯に**2**を一度にかけ、切るように混ぜながらうちわであおいで水分を飛ばす。

4 具をつくる。

1)サワラは20切れの薄い切り身にして塩(分量外)をふり20分おく。酢(分量外)で洗って臭みと塩けを除く。再び塩をふり酢に4〜5時間つける。

2)アナゴは白焼きにする。調味料に10分浸し二度焼きにする。半量を2cm幅に、残りを1cm幅に切る。

3)背わたをとったエビは酒と調味料で2分ほど煮て煮汁につける。

4)藻貝の身は酒(分量外)でさっと煮てザルにとる。再び鍋に入れ、酒と水と調味料で少し濃い味に煮る。

5)タコは1cm厚さの斜め切りにし、調味料に一晩つけ酢ダコにする。

6)イカは2cm幅の斜め切りにし、調味料で1分半煮て煮汁につける。

7)溶き卵と調味料で錦糸卵をつくる。

8)にんじんは半分を花形と花びら形に、半分は2cm長さの細切りにし、八方だし1/2カップで煮る。

9)ごぼうはささがきにし水にさらしアクをとり、八方だし1カップで煮る。

10)干し椎茸は戻し汁で煮て、やわらかくなったらみりん以外の調味料を加え、仕上げにみりんでつやを出す。5枚分を細切りにする。

11)れんこんは花形に整え、酢(分量外)を加えた湯でゆでる。ひと煮立ちさせて冷ました調味料につける。

12)ゆでたけのこは穂先を1cm弱の薄切り、残りは細切りにして、八方だし1カップで煮る。

13)アク抜きしたわらびの穂先を切り取り、八方だし1/2カップで3分ほど煮て火を止め、味を含ませる。

14)さやえんどうは塩ゆでし、斜め切りにする。

15)そら豆は薄皮を取り、1分半塩ゆでする。だし1カップにつけておく。

16)しょうがは花びら形に切る。

5 具は汁けをきる。すし飯が冷めないうちに、ごぼうと細切りのにんじん、たけのこ、アナゴ、椎茸を混ぜる。器に盛り、他の具を飾る。

撮影／長野陽一

〈岡山県〉

どどめせ

季節の素材でつくった炊き込みご飯に合わせ酢を混ぜるすしで、甘すぎずさっぱりとした味わいです。瀬戸内海から吉井川を少しさかのぼった瀬戸内市長船町福岡は、鎌倉時代から市がたってにぎわい、長く政治経済の中心地として栄えました。どどめせは川の渡し場で働く人々のまかないから生まれたと伝えられ、まだ酢がなかった鎌倉時代、炊き込みご飯に酸っぱくなったどぶろくをかけたのが始まりといわれます。その後、酢を使うようになり、そこから岡山を代表するばらずしも発展していったという説もあります。

具を一度に炒めて味つけし、米と混ぜて炊くので、たくさんつくるのもばらずしより簡単です。温かいほうがおいしいので、とくに秋冬に好まれます。その際の具には里芋も入ります。ほかにも、地域の祭り、豊作祈願する5月や収穫感謝する9月のお日待ち、家の建前、おとうや（その年の当番の家で地域の人全員の食事をつくる行事）などでつくられます。

協力＝武田安子　著作委員＝藤井久美子

＜材料＞ 4人分

米…2カップ
昆布…10cm角
酒…大さじ2
水＋具の煮汁…2.4カップ(480mℓ)

【合わせ酢】
酢…1/3カップ
砂糖…大さじ3/4
塩…小さじ1/2

【具】
鶏もも肉…200g
干し椎茸…4枚 (8g)
干しエビ…20g
にんじん…2/5本 (60g)
ごぼう…1/3本 (60g)
かんぴょう…10g
油…大さじ1
┌砂糖…大さじ1
│醤油…大さじ1と1/2
│塩…小さじ1/2
└水…3/4カップ

さやえんどう…16枚
┌焼きアナゴまたはアナゴ白焼き
│　…1尾 (60g)
└醤油、砂糖、酒…各大さじ1
錦糸卵
┌卵…2個
└油…適量

撮影／長野陽一

＜つくり方＞

1 鶏もも肉はひと口大に切る。
2 干し椎茸は戻してせん切り、にんじんはいちょう切り、ごぼうはささがきにして水にさらす。かんぴょうは塩もみして洗い、戻して小さく切る。
3 さやえんどうは色よくゆでる。アナゴは調味料で照り焼きにして2cm幅に切る。
4 錦糸卵をつくる。
5 1と2、干しエビを油で炒め，調味料と水を加えて軽く煮る。
6 米に昆布、酒、水と具の煮汁、5を入れて炊く。
7 炊き上がったら昆布を除き，合わせ酢をうって蒸らす。
8 えんどう、錦糸卵、アナゴを彩りよくのせる。

〈広島県〉

ばらずし

えびそぼろや焼き穴子がたっぷりのばらずしは、安芸《あき》（県西部）の瀬戸内沿岸のもの。人が集まるとき、お客をもてなすときは、地元の海の幸と旬の野菜をふんだんに入れてつくります。3月の節句には必ず母親が娘のためにつくり、雛飾りの前で近所の女の子と集まって食べたり、重箱に詰めて家族で野に出て食べました。

えびそぼろの材料は、小エビ（よりえび）です。ゆでて殻をむく手間はかかりますが、ピンク色でやさしいエビの甘さがばらずしに合います。エビが少ないときは高野豆腐を一緒にすって炒りつけます。

具は季節で変わり、春はたけのこ、ふき、わらび、ぜんまい、うど、夏はさやいんげん、新れんこん、新ごぼう、ささげ豆、秋は松茸、枝豆、落ち小芋、青ずいき。焼き穴子、小エビ、ごぼう、にんじんは必ず入り、このしろ、サヨリ、鯛などの酢魚も旬の季節には使われます。春はあけみ（アサリのむき身）が欠かせません。あけみは「開けた貝の身」、酒でさっと煮た後の煮汁で野菜を煮て、貝のうま味を生かします。

協力＝中村光子　著作委員＝前田ひろみ

撮影／高木あつ子

＜材料＞ 4人分

【すし飯】

米…2合
水…2カップ（400mℓ）
酒…大さじ2
合わせ酢
- 酢…大さじ2と2/3
- 砂糖…大さじ1と1/2
- 塩…小さじ1

【具】

焼きアナゴ…2尾（200g）
えびそぼろ
- 小エビ…500g（正味250g）
- 砂糖…大さじ3強
- 酒…1/2カップ
- 塩…小さじ1/2

- あけみ（アサリのむき身）…100g
- 干し椎茸…2枚（10g）
- にんじん…5cm長さ（70g）
- ごぼう…1/2本（100g）
- れんこん…5cm長さ（100g）
- 椎茸の戻し汁とあけみの煮汁…計1カップ
- みりん、砂糖…各小さじ1
- 酒…小さじ2
- 塩…ふたつまみ（0.6g）
- うす口醤油…小さじ1/2

錦糸卵
- 卵…3個
- 砂糖…小さじ2
- 塩…ふたつまみ（0.6g）
- 油…少量

さやえんどう（またはさやいんげん）…15本（30g）

＜つくり方＞

1. すし飯をつくる。
2. 焼きアナゴは1cm幅に切る。
3. 小エビは殻ごとゆでて頭と殻を取り、すり鉢でなめらかになるまでする。調味料を加えて混ぜ、鍋に移し弱火で炒りつける。
4. 戻した干し椎茸とにんじんはせん切り、ごぼうはささがき、れんこんはいちょう切りにする。
5. 洗ったあけみに酒少々（分量外）をふり、さっと煮て取り出す。残った煮汁に椎茸の戻し汁と調味料を加えて4の野菜を煮る。
6. 錦糸卵をつくる。さやえんどうは塩ゆでにし、斜めせん切りにする。
7. すし飯に汁けをきった5のあけみと野菜を混ぜ、上に錦糸卵、焼きアナゴ、えびそぼろ、さやえんどうの順に散らす。

◎白焼きしたアナゴの頭や焼いた中骨を合わせ酢に浸しておくとコクが出る。

◎好みで木の芽、すししょうが、もみのりを添える。

〈愛媛県〉

ばらずし

エソや穴子のうま味を移したすし酢を使う、瀬戸内ならではのすしです。エソは小骨が多いのでそのまま食べるのには向きません。すり身にして酢につけ、そのうま味を効果的に利用するのです。旧北条市(現松山市)は、高縄《たかなわ》半島の西側に位置し、瀬戸内海に面しており、古くは漁港として栄えた地域で、海の魚を使った食文化が受け継がれてきました。最近ではこのばらずしを「松山鮓《まつやまずし》」とも呼ぶようになっています。

ばらずしは、来客へのもてなし、ひな祭り、正月などの「何かごとのとき」には欠かせません。昔は不幸ごとにも食べていましたが、最近は仕出しをとることが多くなり、ばらずしを手づくりするのは祝いごとが中心です。具の素材は春は菜の花をあしらうなどして季節感も盛りこみます。

味のポイントはすし飯です。すし酢の砂糖の量は、家庭によってさまざま、好みで加減します。エソのもみだしは、ゆっくり加熱すると味が抜ける(カスになる)ので強火で短時間で仕上げましょう。

協力＝高木敏江　著作委員＝武田珠美

＜材料＞ 4〜5人分

【すし飯】

- 米…3合
- 水…3カップ(600mℓ)
- 昆布…5cm角
- 合わせ酢
  - 砂糖…60〜120g
  - 酢…大さじ4
  - 塩…小さじ1弱(5g)
  - エソのすり身(または刻み焼きアナゴ)…100g

【具】

- ゆでたけのこ…中1個(100g)
- にんじん…小1本(55g)
- ごぼう…小1本(50g)
- からあげ(干し油揚げ)…小1枚(6g)
- 板くずし(かまぼこ)…1/2本(40g)
- 砂糖…大さじ1強(10g)
- 塩…小さじ2弱(10g)

- 干し椎茸…10枚(20g)
- 砂糖…大さじ3強(30g)
- みりん…小さじ2
- 醤油…大さじ1

ぶんど豆(えんどう豆)…50粒(50g)

【飾り】

- 菜の花…2茎(30g)
- れんこん…小1節(70g)
  - 酢…大さじ1強＋小さじ1
  - みりん、塩…少々
- 錦糸卵
  - 卵…2個
  - 塩…少々
  - 油…少々
- 紅しょうが…適量

＜つくり方＞

1. エソのすり身に砂糖小さじ1(エソの3%)を加えて手でもむ(もみだし)(写真①)。鍋に残りの砂糖、酢、塩を混ぜ、そこにもみだしを混ぜる(写真②)。強火にかけ、沸騰したら(写真③)すぐに火を止める。エソは加熱し過ぎるとかたくなるので注意。
2. 昆布を入れてご飯を炊き、1を混ぜ合わせてすし飯をつくる。
3. たけのこ、にんじん、ごぼうは5cm長さのせん切りに、からあげもせん切りにする。板くずしは1/3量をせん切りにし、残りは飾り用に薄切りにする。
4. たけのこ、ごぼうにかぶるくらいの水を入れて火にかけ、沸騰したらからあげを入れる(写真④)。そこに、砂糖と塩、にんじん、せん切りの板くずしを順に加え、ひと混ぜして火を止める。
5. 干し椎茸は戻し、調味料に水少々(分量外)を加えて煮て、形がきれいなものは飾り用に、残りはせん切りにしてすし飯に混ぜる。
6. ぶんど豆、菜の花はそれぞれ塩ゆでしてザルにとる。ぶんど豆の一部は飾りにする。
7. れんこんは半月の薄切りにして、みりん、塩を加えた熱湯で15分ゆでる。やわらかくなったら酢大さじ1強を加え、再び沸騰したらボウルに移す。さらに酢小さじ1を加えておいておく。
8. 錦糸卵をつくる。
9. すし飯に具を入れて混ぜ、皿に盛り、上に飾りの錦糸卵、酢れんこん、椎茸、薄切りの板くずし、ぶんど豆、菜の花、紅しょうがを飾る。

からあげは水分が少なく常温保存可。「松山あげ」という商品名で知られる

撮影／五十嵐公

ばらずし

〈香川県〉

香川県では春や秋の祭り、冠婚葬祭など「なんぞごと（特別なとき）」の度にばらずしを食べます。このばらずしは、県中部の宇多津町のすしですが、甘いのが特徴。砂糖が貴重だった頃のごちそうでした。すしが甘い理由はこの地域の歴史にあります。宇多津は昭和30年代までは全国屈指の製塩の町でした。塩づくりは体力を使う仕事だったので働く人たちは甘いものを欲しがりました。また、宇多津は旧高松藩の港町で、藩内でつくられた砂糖の通過地。砂糖が入手しやすかったのも理由の一つといわれています。

具には旬の材料をふんだんに、さらに瀬戸内でとれる魚介、焼き穴子やエビを飾りに使って豪華にします。手間はかかりますが難しいものではないので、子どもから大人まで集まり、わいわいがやがやとおしゃべりしながらつくれます。そこでは昔の暮らしや行事の意味、使っている食材のことなどが話題になり、味だけでなく、地域の歴史や文化も伝わるのです。

協力＝山地シゲ子、小林カズ子
著作委員＝次田一代

撮影／高木あつ子

＜材料＞ 6〜10人分

【すし飯】
米…5合
水…5カップ弱（975mℓ）
合わせ酢
- 酢…2/3カップ弱（125mℓ）
- 砂糖…125g
- 塩…大さじ1弱（15g）
- 酒…大さじ1

【具】
干し椎茸…12枚（25g）
椎茸の戻し汁…適量
凍り豆腐…1個
にんじん…大1本（150g）
油揚げ…1枚
こんにゃく…1/2枚（100g）
れんこん…小1節（80g）
ごぼう…1/2本（80g）
砂糖…大さじ3強（30g）
醤油…大さじ2
錦糸卵
- 卵…5個
- 砂糖…大さじ1
- 塩…小さじ1/2
- 油…少々

さやいんげん…6〜7本（50g）
小エビ…100g
紅しょうが…適量

＜つくり方＞

1 すし飯をつくる。合わせ酢は火にかけて砂糖と塩を溶かして使う。
2 干し椎茸、凍り豆腐は水で戻してみじん切り、にんじん、油揚げ、こんにゃく、れんこんはみじん切り、ごぼうは細かくささがきにする。
3 2を鍋に入れ、浸る程度の椎茸の戻し汁と砂糖、醤油を入れて煮る。煮えたらザルにあげて冷ます。
4 錦糸卵をつくる。いんげんは塩ゆでにして斜めせん切り、エビは塩ゆでにする。エビが大きい場合は頭と殻をむく。
5 すし飯に3の具を加えて手早くかき混ぜる。
6 器に盛り、錦糸卵、いんげん、エビ、紅しょうがを飾る。

〈大分県〉

かちえびちらしずし

豊前《ぶぜん》海に面する港町、宇佐市長洲地区の「かちえび」を使ったちらしずしです。かちえびは、遠浅の豊前海でたくさんとれる赤えびをゆでて乾燥させたもの。殻を取り除くときに木の棒でたたくと「カチカチ」と音がすることからこの名前がつきました。かちえびの甘みとうまみがギュッとしみこんだ甘めのすし飯は絶品で、古くから地元の人たちに親しまれています。

宇佐平野を流れる駅館《やっかん》川の上流の山林は椎茸の産地で、下流に広がる宇佐平野は県内最大の稲作地帯です。また、長洲地区は醸造業がさかんだったので、昔から酢も身近なものでした。メインとなる具のかちえび、金時豆、干し椎茸はどれも乾物で保存がきくため、地元の祭りや祝いごとなど何か行事があれば、その都度季節の野菜を加えてパッと手軽につくっていました。ごちそうというほどではないですが、見栄えがよく、ちょっと贅沢に見えるのがよいそうです。

協力＝金丸佐佑子、末松恵美、岩野總子
著作委員＝麻生愛子

撮影／戸倉江里

＜材料＞5人分

【すし飯】

米…3合（450g）
水…3カップ弱（585mℓ）
カチエビ…30g
合わせ酢
- 酢…1/2カップ弱（90mℓ）
- 砂糖…75g（好みで調整）
- 塩…小さじ1/4

【具】

含め煮
- ごぼう…1/4本（40g）
- 干し椎茸…4枚（8g）
- 椎茸の戻し汁…適量
- 醤油、みりん…各小さじ1弱

錦糸卵
- 卵…1個
- 砂糖…小さじ1
- 酒…小さじ1/2
- 塩…少々
- 油…適量

季節の青菜（菜の花やほうれん草）…適量
金時豆の煮豆*…35g
桜でんぶ…適量

＜つくり方＞

1 カチエビを入れてご飯を炊き、すし飯をつくる。
2 ごぼうはささがきし、下ゆでする。
3 干し椎茸は戻して細切りにする。ごぼうと一緒に椎茸の戻し汁と調味料で煮る。
4 錦糸卵をつくる。
5 青菜をゆで、食べやすい大きさに切る。
6 すし飯に3の具を混ぜ合わせ、器に盛る。
7 錦糸卵と金時豆の煮豆、でんぶを散らし、青菜をのせる。

*金時豆の煮豆…金時豆200gをさっと洗い、3%の塩水に一晩浸す。新しい水に替えてゆでこぼす。常に2cmくらい水が上にあるように落とし蓋をして煮る。やわらかくなったら砂糖80gを2～3回に分けて加え、煮含ませる。

〈東京都〉

ちらしずし

ちらしずしといえば、すし種（生の魚）を酢飯にのせたものもありますが、ここで紹介したのは酢飯に調味した具を混ぜ、錦糸卵や彩りの野菜などを盛りつけたもので、「五目ずし」とも呼ばれます。

都内全域でつくられており、具は地域で多少違いがありますが、混ぜる具にはにんじんや干し椎茸、油揚げ、かんぴょう、飾る具には錦糸卵、エビ、でんぶ、のりを使うことが多いようです。

大皿でつくると、華やかで食卓が明るくなります。このすしのいいところは、乾物など家のあり合わせの材料でおいしくできること。ひな祭りや誕生日などの祝いごとはもちろんですが、日常的にもよくつくられました。

下町では、兄の友達が来るといつも五目ずしを母がつくってくれるので楽しみだったという話をうかがいました。食べ盛りの高校生に、簡単にできるごちそうとしてふるまったのだそうです。これに、吸い物か味噌汁にぬか漬けを合わせました。今も人が集まるときや、行事につくられています。

協力＝芝辻益子　著作委員＝赤石記子

撮影／長野陽一

＜材料＞ 4人分

【すし飯】
米…2カップ
水…2.2カップ（440mℓ）
昆布…5cm角2枚（5g）
合わせ酢
- 酢…大さじ3強（48mℓ）
- 砂糖…大さじ1強（9.6g）
- 塩…小さじ3/4（4.8g）

【具】
- 干し椎茸…6枚
- 油揚げ…1枚
- 椎茸の戻し汁…1カップ
- 砂糖…大さじ1
- 醤油…大さじ1/2強（9.6g）

- かんぴょう…12g
- 砂糖…大さじ1と1/3
- 醤油…大さじ2と1/2
- 水…適量

- にんじん…1/5本（30g）
- 塩…少々（0.5g）
- 砂糖…小さじ2/3
- だし汁…1/4カップ

錦糸卵
- 卵…2個
- 塩…小さじ1/4
- 砂糖…小さじ2と1/2
- 油…適量

さやいんげん、刻みのり、紅しょうが…適量

＜つくり方＞

1 すし飯をつくる。
2 干し椎茸は戻してせん切り、油揚げもせん切りにして、戻し汁と調味料で汁けがなくなるまで煮る。
3 かんぴょうは塩もみして洗い、やわらかくなるまでゆでる。調味料とひたひたの水で汁けがなくなるまで煮て1cm長さに切る。
4 にんじんはせん切りにして、調味料とだし汁で煮る。
5 錦糸卵をつくる。いんげんは塩ゆでして斜めに切る。
6 すし飯に2、3、4を混ぜ、錦糸卵、いんげん、刻みのり、紅しょうがを飾る。

〈神奈川県〉
かて飯

「かて飯」というと、米を節約するために雑穀や大根、いもなどで増量したご飯を指すことが多いのですが、津久井地域や他の県北西地域では、人寄せのときや物日《ものび》（祝いごとや祭り）につくるごちそうのことです。

東京や山梨に接する津久井は、山に近く水田が少ない畑作地域です。家でとれた野菜やきのこなど、あるものを煮ておけば、あとはご飯に混ぜるだけで、米を節約しつつも彩りのよい豪華なごちそうになります。人数分をきっちり用意する必要はなく、何人でも、大勢いても分けられるのもいいところです。ご飯はすし飯を使います。昔は白いご飯でしたが、すし飯のほうがおいしいからと変わったそうです。

野菜を煮た具「かて」をつくっておけば、子どもがぐずついてもご飯に混ぜてすぐに食べさせることができます。それを近所のお年寄りから教えてもらった若いお母さんたちは、ハレの日だけでなく日常にもつくったりしたそうです。

協力＝大神田貞子、大神田澄子
著作委員＝櫻井美代子

撮影／五十嵐公

＜材料＞ 4人分

【すし飯】
米…2カップ
水…2カップ（400mℓ）
合わせ酢
- 酢…大さじ4（60mℓ）
- 砂糖…大さじ4強（40g）
- 塩…小さじ1/2

【具】
- 切り昆布…5g
- 干し椎茸…5枚
- ごぼう…1/3本
- にんじん…1/3本
- ちくわ…50g
- 油揚げ…2枚
- 油…大さじ1
- 砂糖…大さじ4
- 塩…小さじ1/2
- 椎茸の戻し汁…1/2カップ

- 卵…2個
- 砂糖…小さじ1
- 塩…少々
- 油…少々

さやいんげん…5〜6本
紅しょうが、刻みのり…適量

＜つくり方＞

1 ご飯を炊く。
2 切り昆布は水につけてよく洗い、2cm長さに切る。戻した干し椎茸、ちくわ、油揚げはせん切りに、ごぼう、にんじんはささがきにする。
3 油を熱して2の材料を炒め、調味料と戻し汁で煮る。
4 卵を溶いて調味料を加えて薄焼き卵をつくり細く切る。いんげんをゆでて斜めに切る。
5 炊きあがったご飯に、合わせ酢と煮た具を混ぜ合わせる。
6 器に盛り、卵、いんげん、紅しょうが、刻みのりを飾る。

〈富山県〉

みょうがずし

旧大山町は富山市の中でも山側の南東部に位置し、長野県や岐阜県と接しています。山間部の小佐《おざ》波《なみ》地区をはじめとしておいしいみょうががとれるところです。どこの家庭でも庭先には、みょうがが植えられ、味噌汁の実や薬味にしたり、塩漬けにして保存したりしていました。また、一帯を流れる熊野川にはかつてはマスが上がってきてよくとれました。そのため、みょうがとマスを合わせたすしが親しまれています。

近年では笹の葉に包んだタイプの商品もありますが、もとは熱々のご飯に具を混ぜこんだ、できたてを茶碗で食べたものです。そのほうがみょうがの香りも高くおいしく感じます。食べきれずに冷めた分は押しずしにしてとっておいたりおすそ分けにします。

ハレの日は、いつもは野良仕事で夕暮れまで帰ってこない母親が、白い割烹着で台所に立ち、お客に出すみょうがずしをつくりました。子どもたちはそれがうれしくて楽しみだったそうです。

協力＝金山加代子
著作委員＝深井康子、守田律子

撮影／長野陽一

＜材料＞ 4人分

【すし飯】

米…4合

だし汁

- 水…4カップ(800mℓ)
- 昆布…10cm角
- 煮干し…5尾(15g)

合わせ酢

- 酢…1/4カップ
- 砂糖…大さじ4
- 塩…小さじ1/4

【具】

生マス切り身…250g

酢…1/4カップ

砂糖…大さじ4

塩…小さじ1/3

- みょうが…7〜8個
- 塩…小さじ1

- 青じそ…10枚
- 塩…少々

白ごま…大さじ1

＜つくり方＞

1 マスは2時間ほど調味料につけてから、手でほぐしておく。

2 みょうがは細切りにして塩でもむ。

3 青じそは、せん切りにして塩でもみ、水に浸してアクをぬく。

4 だし汁でご飯を炊く。

5 ご飯が熱いうちに合わせ酢を入れて混ぜ、マス、みょうが、しそを加えて混ぜ合わせる。味を見て、好みでマスをつけていた調味料を少し加えてもよい。温かいうちに盛りつけ、ごまを散らす。

すぐに食べないみょうがずしは押しずしにする

撮影／長野陽一

＜材料＞ 4人分

【すし飯】

米…4合

水…4カップ弱（780mℓ）

昆布…5cm角3枚（約6g）

塩…小さじ1

合わせ酢

- 酢…85mℓ
- 砂糖…100g
- 塩…少々

【具】

カツオ…約400g

- 醤油…1/2カップ
- 砂糖…50g

青じそ…適量

＜つくり方＞

1 すし飯をつくる。昆布は米と一緒に浸し、炊く直前に取り出す。炊くときに塩を入れる。

2 醤油と砂糖を沸騰させ、冷ましてカツオのタレをつくる。

3 カツオを刺身状に切り、2のタレに10〜12分つける。長くつけると味が濃くなるので注意する。

4 大きめのカツオを盛りつけ用に取り分け、小さいカツオをタレごとすし飯に入れて手でよく混ぜる。

5 大きめのカツオを上にのせ、青じそを粗く切り散らす。青じそを三つ葉にしたり、好みでせん切りのしょうがやもみのりをかけてもよい。

〈三重県〉

てこねずし

志摩半島南側にある志摩《しま》町《ちょう》和具《わぐ》は、北は英虞《あご》湾、南は熊野灘に面し南北に港をもち、志摩町の中でも水産業が盛んです。海女が多いことでも知られ、海を離れたら生計は立たないといわれるほど。春から秋にかけては一本釣りやひき縄によるカツオ漁が行なわれます。

ここ和具で400年以上の歴史があるといわれる味が、魚の「漬《づ》け」とすし飯でつくるてこねずしです。魚をタレに漬けこむ（漬けにする）のは保存食の一種で、漁師が船上でとれたてのカツオの刺身とご飯を手でこねて醤油をかけて食べたのが始まりといわれています。あじでもつくられ、さらには鯛で「めでたいてこねずし」、また、真珠貝（アコヤガイ）やアオサ入りもあります。

大勢で食べることができるため、今では日常的にはもちろん、冠婚葬祭や年中行事のハレの日にも食べられます。家庭で食べられていたてこねずしが、やがて和具の食堂で提供されるようになり県南部に広まったといわれています。

協力＝伊藤泰子、石原幸子、山本鈴子

著作委員＝平島円、阿部稚里

〈京都府〉
ばらずし

甘い鯖のおぼろ（そぼろ）をたっぷりのせたばらずしは、日本海に面する丹後地方の家庭の味。節句や祭り、祝いごと、田植え、さらには仏事やふだんの来客時など人の集まる場では必ず食卓を飾ります。

かつて鯖がよくとれた頃に、ご飯の増量材として鯖のおぼろを混ぜこんだのがもともとの形だそうです。戦前は焼き鯖をほぐしてつくりましたが、戦後は缶詰が広まりました。今、丹後で販売されている鯖缶は全国的なサイズの倍近い370g入りが多いです。

まつぶた*に詰めますが押しはかけずに、ふんわりさせた方がおいしく感じます。家庭用に簡単につくるときは、ご飯は少なめで具を上にのせただけの1段にすることもありますが、2段でどんと大盛りで出されると大歓迎されている感じがするものです。10月の秋祭りでは、味の濃いそぼろがアクセントのばらずしと、だしのきいた上品な味の茶碗蒸しをセットで用意します。

*まつぶた＝餅などを並べておく浅い木箱のこと。

協力＝島﨑秀子、坪倉淳子、小石原静代、中瀬あや子　著作委員＝桐村ます美、湯川夏子

＜材料＞ 24×44×5.3cmのまつぶた1枚分（15人分）

【すし飯】
- 米…1升
- 水…1升2合（2160mℓ）
- 昆布…10cm
- 合わせ酢
  - 米酢…1.4カップ（280mℓ）
  - 砂糖…250g
  - 塩…大さじ1

【具】
- サバ缶（水煮）…約500g
- 砂糖…130g
- 醤油…1/4カップ
- 酒…1/2カップ

- 干し椎茸…中6枚
- 椎茸の戻し汁…適量
- 砂糖…大さじ4
- 醤油…大さじ2

- 錦糸卵
  - 卵…8個
  - 油…大さじ2

- グリーンピース…60g
- 塩…小さじ1/3

- 紅しょうが…適量

＜つくり方＞

1 おぼろをつくる。厚手の鍋かフライパンに汁を切ったサバを入れ、調味料を加えながらほぐし、中火で炒り煮にする。かなりゆるい状態（写真①）から水分を飛ばし、ちょっとボテッとしたくらいで火を止め、余熱でしっとりさせる（写真②）。バット等に広げて冷ます。

2 干し椎茸は戻し、3mm厚さの細切りにする。鍋に椎茸と戻し汁をひたひたになるまで入れ、調味料を加え、水けがなくなるまで煮る。

3 錦糸卵をつくる。

4 すし飯をつくる。

5 すし飯が冷めると「まつぶた」になじまないので、熱いうちに酢（分量外）で湿らしたまつぶたに半量を入れて平らにする。すし飯を押さえつけないように注意する。

6 すし飯の上におぼろの1/3量を全体に広げてのせる。広げたおぼろの上に残りのすし飯をのせる。

7 6の上におぼろ、錦糸卵、椎茸、塩ゆでしたグリーンピース、紅しょうがの順に具をのせる。

8 「すし切り」（ヘラ）で切り分け（写真③）、盛り付ける。

◎おぼろは煮すぎると、しっとり感がなくなってしまうので、少し早めくらいで火を止めて具合を見る。

◎すし飯にたけのこやふきなどの季節の食材を混ぜてもよい。

昔は2升以上入る大きなまつぶたでつくったが、今は写真のような小型のものや、もっとコンパクトに、バットを使用することも多い

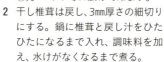

撮影／高木あつ子

〈徳島県〉

金時豆入りかき混ぜ

徳島県のばらずしは、かき混ぜと呼ばれ、具だくさんで、金時豆の甘煮が入り、すし飯に木酢《きず》を使うのが特徴です。木酢とは、ゆずやすだち、ゆこうなどのカンキツ類の果汁のことで、カンキツが豊富な徳島県ではよく利用されます。産地では冬になると1年分の木酢をしぼって一升瓶に保存し、いつでも使えるようにしておくのです。

かき混ぜには地元の食材をふんだんに使うため、具に地域の特徴が出ます。ここで紹介するのは県南沿岸部のかき混ぜです。焼いた魚のほぐし身を合わせ酢に混ぜます。ちりめんじゃこでもよく、こうしてすし飯にだしをきかせます。ひじきを使うのもこの地域ならではで、甘辛く炊いた底豆（落花生）を使うこともあります。よその地域、山間部ではマスやいたどり、わらび、ぜんまいを、吉野川北岸地域では冬場に干しなすを入れるなど、さまざまありますが、金時豆の甘煮が入り全体的に味つけが甘いのは共通しています。

協力＝福井初恵　著作委員＝髙橋啓子

＜材料＞ 4人分

【すし飯】
米…2合
水…2カップ（400mℓ）
合わせ酢
- ゆず酢…大さじ2と1/3
- 酢…大さじ1と1/3
- 砂糖…大さじ2強（20g）
- 塩…小さじ3/4（4.5g）

アジ（カマス、サバなど他の魚でもよい）…小1尾（150g）

【具】
- ひじき…5g
- だし汁（煮干し）…1/2カップ
- 砂糖…小さじ1
- みりん…大さじ1/2
- 醤油…小さじ2/3

- 干し椎茸…3枚
- 椎茸の戻し汁（または煮干しだし汁）…1/2カップ
- 砂糖…大さじ1
- みりん…大さじ1/2
- 醤油…小さじ1/2
- 酒…大さじ1弱

- こんにゃく…1/10枚（20g）
- だし汁（煮干し）…1/2カップ弱
- 砂糖、みりん…各大さじ1/2
- うす口醤油…小さじ1/2
- 酒…大さじ1弱

- ごぼう…1/4本（50g）
- にんじん…1/3本（55g）
- 里芋…2個（150g）
- 干し大根…17g
- だし汁（煮干し）…1.5カップ
- 砂糖…大さじ2
- 塩…小さじ1

- ふき…1本（130g）
- だし汁（煮干し）…3/4カップ弱
- 砂糖…大さじ1弱
- うす口醤油…大さじ2/3

金時豆の甘煮…100g（落花生の甘煮でもよい）
しょうが…1かけ
紅しょうが…5g
木の芽…数枚

＜つくり方＞

1 アジを焼き、骨や皮を除いて身をほぐし、合わせ酢に混ぜる。
2 ひじきを戻し、だし汁と調味料で煮汁がなくなるまで煮る。
3 干し椎茸を戻し、戻し汁と調味料で煮てせん切りにする。
4 こんにゃくをゆでて3cm長さのせん切りにして、だし汁と調味料で煮汁がなくなるまで煮る。
5 ごぼうはささがき、にんじんは2cm長さの短冊切り、里芋は厚めのいちょう切りにする。干し大根は戻して水気をよくしぼり2cm長さに切り、他の材料と一緒にだし汁と調味料で煮汁がなくなるまで煮る。
6 ふきはゆでて皮をむき、1cm長さの小口切りにする。だし汁と調味料を煮立てて冷まし、ふきをつけておく。
7 ご飯を炊き、熱いうちに1の合わせ酢を回しかけてすし飯をつくる。
8 2〜6の具の汁けをきり、ふきの半量を残してすし飯に混ぜ合わせる。
9 残りのふき、金時豆、しょうがのせん切りを上に散らし、紅しょうがと木の芽を添える。

◎野菜は色をきれいに仕上げるため、醤油を使わずに砂糖と塩で調味する。

カンキツ専用のしぼり器。切れ目を入れたカンキツをしぼり器に入れ、押し木で押すと果汁がしぼり出される

押し木でつぶされたスダチ。出てきた果汁はさらしとザルでこし、瓶に詰めて各家庭で保存しておく

撮影／長野陽一

〈島根県〉

すもじ

　島根県の鯖ずしは、東部（出雲地方）と西部（石見《いわみ》地方）とでは大きく異なります。西部はしめ鯖を一尾丸ごと使った姿ずし（p112）ですが、東部は焼き鯖を使ったばらずしで、これが「すもじ」です。香ばしく焼けた鯖をほぐしてすし飯に混ぜこみ、上に飾る鯖はなるべく大きくほぐし、焼き鯖であることをアピールします。他の具は家庭にあるものでよく、椎茸、にんじん、たけのこなどが使われます。

　島根県では鯖がよくとれましたが、生のまま食べたのは沿岸部だけ。山間部では竹串に刺して焼いて日持ちをよくし、県境を越えて山陽にも運んだといわれています。焼き鯖は雲南市をはじめとする東部地域の特産品となり、行事などの際には広くすもじが食べられるようになりました。

　鯖の骨に残っている身はスプーンでこさげ（こそげ）、そのまま食べてもよし、醤油をかけ熱いご飯で食べてもよし、さらに熱いお茶を注いでお茶漬けにしてもよし。こうして無駄なく食べつくします。

協力＝宮本美保子、服部やよ生、大場郁子
著作委員＝石田千津恵

撮影／高木あつ子

＜材料＞ 4人分

【すし飯】
米…2合
水…2カップ（400mℓ）
昆布…4cm長さ
合わせ酢
- 酢…1/4カップ
- 砂糖…大さじ2強
- 塩…小さじ1

【具】
焼きサバ…1尾（500g）
- 干し椎茸…4枚
- ゆでたけのこ…40g
- にんじん…20g
- だし汁（昆布とかつお節）…大さじ3弱
- 酒…小さじ2
- 砂糖…大さじ1/2
- みりん…大さじ1弱
- うす口醤油…大さじ1弱

錦糸卵
- 卵…2個
- 塩…0.5g
- 油…小さじ1/4（1g）

さやえんどう…8枚
白ごま…大さじ1/2

＜つくり方＞

1 米に昆布を入れて炊く。
2 干し椎茸は戻してせん切り、たけのこ、にんじんもせん切りにして一緒にだし汁で煮る。調味料を入れ、煮汁がなくなるまでさらに煮て、粗熱をとる。
3 焼きサバは骨から身をはずしてほぐし、大きいほぐし身を飾り用に分けておく。
4 錦糸卵をつくる。
5 さやえんどうは筋を取り塩ゆでし、斜めに切る。
6 炊飯後、すぐに合わせ酢をかけて手早く混ぜ、**2**の具、**3**のサバのほぐし身、ごまを混ぜ合わせる。
7 皿に盛り、取り分けておいた焼きサバを散らし、錦糸卵とさやえんどうを飾る。

〈熊本県〉
ぶえんずし

ぶえんとは、塩をきかせなくても生で食べられるほど新鮮、という意味です。周囲を海に囲まれている天草では、魚が豊富にとれるので、いつでも新鮮な魚が手に入ります。中でもこのしろの漁獲量が多く、刺身やこのしろの姿ずし（p116）、ぶえんずしなどさまざまな食べ方で楽しんできました。

以前はぶえんずしといえば新鮮なこのしろを酢じめにし、すし飯に混ぜ込んでいましたが、最近では鯛やスズキなど、魚のバリエーションも豊かになっています。甘酢のきいた魚の切り身としょうが、ごまの組み合わせはさわやかで、甘めのすし飯との相性も抜群です。

昔は各家庭に大きな飯台があり、2升から4升の米を炊いてぶえんずしをつくっていました。祭りや結婚式、大漁祝いなどのハレの日、田植えで忙しい農繁期には、一度にたくさんの人が食べられるよう、大量につくりおきしておくのです。できたすし飯をお客に出すときは、長方形に切り出し、皿に盛って出しています。

協力＝宮崎寛子　著作委員＝小林康子

撮影／戸倉江里

＜材料＞ 30人分

【すし飯】
- 米…2升
- 水…2升（3600mℓ）
- 合わせ酢
  - 酢…2と1/4カップ
  - 砂糖…580g
  - 塩…60g

【具】
- 生魚（タイ、クロダイ、スズキ、コノシロなど）…約2kg（正味1kg・もしくは皮つきの刺身1kg）
- 塩…40g
- 甘酢
  - 酢…2カップ
  - 砂糖…100g
  - 塩…ひとつまみ
- しょうが（大）…2かけ
  - ごぼう…大2本（350g）
  - にんじん…大1本（200g）
  - 干し椎茸…5枚
  - 切り干し大根…50g
  - だし汁…2カップ
  - うす口醤油…1/4カップ
  - 濃口醤油…大さじ1と2/3
  - みりん…大さじ2
- 小ねぎ…100g
- 白ごま…適量

＜つくり方＞

1. 魚は皮つきの刺身にして全体に塩をふり、2時間ほどおく。
2. 底の平らな密閉容器に甘酢、みじん切りのしょうがと魚を入れ、冷蔵庫で一晩つける。
3. ごぼうとにんじんをささがきにする。戻した干し椎茸と切り干し大根はみじん切りにする。
4. 鍋に3とだし汁と調味料を加え、火が通るまで煮る。
5. すし飯をつくる。
6. すし飯に水けをきった2と4を入れて混ぜ、長方形に切り出し、皿に盛る。小口切りにしたねぎとごまをふる。彩りに南天の葉を添えてもよい。

〈宮崎県〉

ばらずし

宮崎で、家庭でつくるすしといえば「ばらずし」のこと。ハレ食の中では気軽につくれるもので、材料もたけのこ、わらび、ふき、ぜんまいといった季節のものやてんぷら（魚のすり身を揚げたもの）などあり合わせのものです。ここに、お祝いには紅いかまぼこを入れたり、大人用には甘酢につけた生のしょうがを入れたりとそのときどきに合わせ、地域の行事や冠婚葬祭、人寄りがあるときは集落の人が集まり一緒につくりました。

にんじんは細く切って生のまま使います。甘酢に浸してからご飯に混ぜこむと色がきれいで、形も切れ切れになりません。

手がかかりそうですが、具材を一緒に煮るので、つくりだすと意外に簡単です。子どもたちもうちわであおいだり味見をしたりして、家族で協力してつくる喜びと責任感をちょっぴり感じながら、できあがりを楽しみに待ちました。つくるのはたいてい一升。濃いめの味つけにし、いなりずし（p42）もときには一緒につくりました。

協力＝長野タマ子、長野峯子
著作委員＝長野宏子、篠原久枝、秋永優子

撮影／高木あつ子

＜材料＞ 7〜8人分

【すし飯】
- 米…5合
- 水…5カップ（1000mℓ）
- 合わせ酢
  - 酢…1/2カップ
  - 砂糖…110g
  - 塩…15g

【具】
- 干し椎茸…5枚（20g）
- ごぼう…小2本（150g）
- てんぷら（さつま揚げ）…2枚（20g）
- 油揚げ…3枚（60g）
- こんにゃく…1枚（200g）
- ゆでたけのこ…200g
- 椎茸の戻し汁…1と1/2カップ
- 砂糖…100g
- 醤油…1/2カップ
- にんじん…1本（100g）
- A
  - 酢…1/2カップ（にんじんと同重量）
  - 砂糖…大さじ1強（10g）
- 白ごま…適量
- 梅酢漬け紅しょうが…適量

＜つくり方＞

1 ご飯を炊く。
2 干し椎茸を戻して薄切りにする。ごぼうはささがきにして水にさらす。てんぷら、油揚げ、こんにゃく、たけのこはみんな同じぐらいの大きさに切る。
3 2に椎茸の戻し汁と水（分量外）をひたひたに加えて少し煮て、調味料を加え甘辛く濃いめに煮る。
4 にんじんを細いせん切りにし、Aに1時間以上浸し、よくしぼる。できれば前日から浸すと、えぐみが少なくなる。残った汁はすし飯に使わない。
5 炊いたご飯に3の具と、合わせ酢、4のにんじんを混ぜ合わせる。
6 紅しょうがを添え、好みでごまをかける。

〈鹿児島県〉

さつますもじ

　祝いごとや来客時など特別な日につくる鹿児島の代表的な料理です。「すもじ」とは「ちらしずし」のこと。京の都ことばが伝わったといわれています。さつますもじの名のとおり、県内のどこでもつくります。家庭により具は違いますが、具も飯も甘くするのが特徴です。

　具をすし飯に混ぜるときは、袖をまくし上げ、両手を使って、「灰《あく》持酒《もちざけ》」で手をぬらしながら、ご飯粒が一つひとつ離れるくらい混ぜます。灰持酒はうま味や甘みの濃い鹿児島伝統の酒（p105）。火入れをしていない灰持酒が入ることで、時間がたって冷めるとうま味が増します。

　誕生日や桃の節句には、母親がもろぶた一つつくり、近所にも配りました。今日は「すもじ」をつくるとわかると、朝から一日がとても楽しみでした。春の時期には、たけのこやふきなどの山菜をたっぷり入れます。刻んだたくわんと、ごま、にんじんだけだったり、高菜の漬物を混ぜたりと具はさまざま。手近にある、季節の食材でつくるちらしずしです。

著作委員＝千葉しのぶ

撮影／長野陽一

＜材料＞ 4人分

【すし飯】
米…3合
水…3カップ（600mℓ）
合わせ酢
- 酢、砂糖…各大さじ4
- 塩…小さじ2

灰持酒…大さじ3〜4

【具】
濃い味にする具
- 干し椎茸…4枚
- きくらげ…10g
- 醤油…大さじ1と1/2
- 砂糖、みりん…各大さじ1
- 椎茸の戻し汁…適量

薄味にする具
- 鶏もも肉…100g
- ゆでたけのこ…60g
- にんじん…1/3本（60g）
- ごぼう…1/3本（60g）
- うす口醤油、みりん…各大さじ1
- 水…適量

さつま揚げ（棒天）…2本
かまぼこ…40g
錦糸卵
- 卵…3個
- 砂糖…大さじ1
- 塩…小さじ1/5
- かたくり粉、水…各大さじ1
- 油…適量

さやいんげん…5本
木の芽…10枚

＜つくり方＞

1 干し椎茸ときくらげは水で戻して細切りにし、調味料とひたひたの戻し汁で煮含める。
2 鶏肉は1cm角、ゆでたけのことにんじんは1cm角の薄切り、ごぼうはささがきにして水につけてアクを抜く。たけのこは飾り用に少し穂先を縦に切っておく。薄味の具の材料をすべて鍋に入れ、調味料とひたひたの水で煮る。
3 さつま揚げは斜め薄切り、かまぼこは薄切りにし、どちらもさっと湯通しする。
4 調味料と水溶きかたくり粉を加え、錦糸卵をつくる。さやいんげんは塩ゆでし、細切りにする。
5 すし飯をつくり、1〜3の具（飾り用の具を少し残しておく）を合わせる。あれば灰持酒で手をぬらしながら、ご飯粒が一つひとつ離れるくらい混ぜる。
6 皿にこんもりと盛り、錦糸卵、さやいんげん、5でとりおいた具、木の芽を飾る。

巻きずし いなりずし

持ち運びや取り分けしやすい巻きずしやいなりずしは、昔から運動会や遠足の弁当の定番です。巻きずしの具は色と味のバランスが考えられ、切り口は華やか。油揚げに飯を詰めるいなりずしは全国共通ですが、その形やすし飯の味に個性があります。

〈群馬県〉

巻きずし

ちくわや、大ぶりに切ったにんじんやごぼうを巻いたダイナミックな巻きずしは県中部、渋川市でつくられているもの。桃の節句には、蔵から代々のひな人形を出して飾り、巻きずしを供えて祝います。春一番のにぎやかな行事で、母親たちは朝から巻きずしを大量につくり知人に配りました。

基本の具はにんじん、ごぼう、椎茸、かんぴょう、青菜と、野菜や乾物の煮物が中心のいわば「大人の味」。そこにちくわや桜でんぶなど買ったものを加え、特別なおいしさやごちそう感を増やします。子どもの誕生日には卵焼きやたくあんを入れることもありました。

巻きずしは結婚式の日にも振る舞われました。花嫁を嫁ぎ先へ送り届ける親戚衆5～6人をいちげんさんと呼び、花嫁よりも一足先に先方へ到着し、花婿側の親戚衆と挨拶を交わします。このときに先方から「おちつき」というお茶菓子のような簡単につまめるものが出され、たいてい巻きずしが使われました。

協力＝富永光江、星野マサ江、田中妙子
著作委員＝阿部雅子

撮影／高木あつ子

＜材料＞ 4本分

【すし飯】
米…3カップ
水…3と1/4カップ（650mℓ）
合わせ酢
- 酢…1/3カップ弱（70mℓ）
- 砂糖…大さじ2
- 塩…小さじ1

のり…6枚

【具】
- ごぼう…20cm（80g）
  - 水…1カップ
  - 砂糖、醤油…各小さじ1
  - みりん…小さじ1
- にんじん…小1本（80g）
  - 水…1カップ
  - 砂糖、醤油…各小さじ1
  - みりん…小さじ1
- ちくわ…2本（180g）
  - 水…1カップ
  - 砂糖、醤油…各小さじ2
- 干し椎茸…4枚
  - かんぴょう…25g
  - 椎茸の戻し汁＋水…2カップ
  - 砂糖、醤油…各大さじ3

ほうれん草（青菜）…2株（40g）
桜でんぶ…適量

＜つくり方＞

1 すし飯をつくる。
2 ごぼう、にんじんは細長く、ちくわは縦半分に切る。別々に水と調味料で煮て汁をきる。
3 かんぴょうは水で戻してから塩小さじ1（分量外）をふってもみ洗いし、つめがたつまでゆでて水けをしぼる。戻した椎茸と一緒に戻し汁と調味料で煮含め、椎茸はせん切り、かんぴょうは20cmに切る。
4 ほうれん草をゆでて水けをしぼる。
5 巻きすに、裏面を上に向けてのりをおく。手に酢水（分量外）をつけてすし飯の1/4量をとり、のりの手前1cmと向こう側2cmを残して左右の端まで広げる。すし飯の上、手前側に半分に切ったのりをおく。のりの上にごぼう、にんじん、ちくわ、干し椎茸、かんぴょう、ほうれん草、桜でんぶをおく。
6 巻きすを手前から二つ折りにするようにすし飯の向こう側へもっていき、軽くしめ、もう一度巻く。
7 形がなじんだら8つに切る。

〈千葉県〉

太巻きずし

千葉の太巻きずしの魅力は、切った時の断面の鮮やかさです。県の北東部に位置する山武《さんぶ》地域は北総台地が広がり米づくりがさかんで、太巻きが行事食としてよくつくられてきました。のりや卵焼きで巻き、大皿にきれいに盛りつけてふるまいます。現在でも、地域の公民館などに集まってつくることも多く、若いお母さんたちも先輩の技を学んでいます。

いくつかの地域で独自の絵柄が伝えられていますが、山武では名物の桜や、あやめ、亀、花椿、桃の花などの柄が好まれてきました。今回取り上げた「バラ」は、身近にある材料で簡単にでき、見栄えもし、子どもと一緒に楽しくつくれる太巻きです。絵柄は毎年コンクールがあり、新作が生み出されています。

すし飯は、主に白とピンクが使われますが、黄色や緑などもあります。黄色はゆで卵の卵黄、緑は青のりを使うなどの工夫がされています。現在では、ピンク色のすし飯の素も市販され、鮮やかな太巻きを手軽に楽しめます。

協力＝小西利子　著作委員＝柳沢幸江

＜材料＞バラ文様 1本分

【すし飯】
米…1合
水…1カップ（200mℓ）
白すし飯用合わせ酢
- 酢…大さじ2
- 砂糖…大さじ1と1/3
- 塩…小さじ1/2

粉末すし酢（ピンク）*…適量
のり…1枚
- 卵…1個
- 油…適量

紅しょうが…20g
野沢菜漬け…3本
でんぶ…15g

*粉末すし酢（ピンク）がない場合は、赤梅酢6g+砂糖4gで代用できる。

＜つくり方＞

1. ご飯を炊き、ご飯250g分に合わせ酢を混ぜて白すし飯に、60g分に粉末すし酢を混ぜてピンクすし飯にする。
2. 卵を溶き、卵焼き器で18cm四方の薄焼き卵をつくる。
3. 巻きすの上に**2**をおき、ピンクすし飯、紅しょうがを散らし、手前にでんぶを芯になるようにおいてから巻く（写真①）。すし飯を均等でなく散らすことでバラの花らしい輪郭になる。
4. 巻きすの上に縦長にのりをおき、その上に白すし飯をおく。均等におくために4等分した飯を4カ所におき広げる。上端2cmほど糊代の部分を残し、巻きすを横向きにする。
5. 中央に**3**をおき、その脇に野沢菜漬け3本をおく（バラの葉の部分）。菜箸などで筋をつけるとおきやすい（写真②、③）。
6. 巻きすの両端を持ち**3**をすし飯でくるむ（写真④）。糊代分ののりで端をとめ、すし飯がはみ出ないようにする。
7. 巻き上がった太巻きの両端を手で押さえて、端もきれいに整える。
8. 庖丁をぬらしながら、断面がきれいになるように切り、均等に6切れにする（写真⑤）。

絵柄は上＝山武の桜、左下＝バラ、右下＝桃の花

撮影／高木あつ子

〈千葉県〉

細巻きずし

房総半島の南部、南房総市の富《とみ》山《やま》地区(旧富山町)では、農家のお昼ごはんにも手軽にのり巻きをつくって食べることがよくありました。のりは安価な「はねだし」を使ったり、近くの岩井海岸の岩場でとってきた青のりや、はばのりを俵の上に四角にして干して使ったそうです。せりの細巻きは2〜4月頃、早春から春の盛りにかけての味で、せりのさわやかな香りが春の訪れを感じさせてくれます。

田んぼの脇や家の裏にある水路に、せりはたくさん生えてきます。農作業のあいまに摘んだり、ちょっと家の裏に行ってとってきたりと、手に入りやすい青菜で、巻きずしの具としてはほうれん草やかんぴょうよりも身近でした。せりのかき卵汁もこの地域の人には懐かしい味です。昔は炊くご飯の量も多かったので、すし飯をつくるときは酢と砂糖は湯呑み茶碗で同量はかって入れていました。砂糖が多くてなかなか溶けず、指でかきまぜながらついでに味見をして調整していたそうです。

協力=熱田恵子
著作委員=梶谷節子、渡邊智子

撮影/高木あつ子

<材料> 4人分

【すし飯】
米…2合
水…2カップ(400mℓ)
合わせ酢
- 酢、砂糖…各大さじ3
- 塩…小さじ1/2〜1
- だし汁(昆布)…大さじ1

せり…2束(300g)
塩…大さじ1
のり…4枚

<つくり方>

1 せりは根を切りよく洗い、1.5ℓの熱湯で1分塩ゆでする。冷水にとり水けをしっかりきる。
2 すし飯をつくる。
3 のりは半分に切り、裏側を上にして巻きすにのせすし飯の1/8量を広げる。巻き終わり部分は1cmあけておく。
4 すし飯の中央にゆでたせりの1/8量をのせ、手前から巻く。4等分、6等分など好みの大きさに切る。

◎写真は4等分の盛り合わせ

〈神奈川県〉

太巻きずし

のりではなく卵でご飯を巻く太巻きずしは、県中央部の、稲作が盛んな伊勢原では氏神様の祭りに欠かせません。大きな卵焼きを破いたり焦がしたりしないように、つるっときれいに焼くのは難しいのですが、おばあちゃんが上手だったので、見よう見まねで覚えたそうです。

祭りともなると、米3升で30本ほどつくります。重箱の中にぎっしりと詰めて親戚中に配り、来た人にもてなし料理として食卓に並べ、お土産にもしました。嫁いだ家も同じ伊勢原だったので、お嫁にきた当初は太巻きづくりが大きな仕事でした。「祭りは卵の太巻きがないと」と家族だけでなく、親戚や近所の人も楽しみにしているので、数日前から準備を重ね、寝る暇もなくつくりました。

卵焼きは焼きたてを使います。熱いうちに巻かないとくっつかないからです。ご飯は少なめが失敗しにくく、卵を破かないように、ほぐしながら均一にのせます。青物は、以前はほうれん草でしたが、今はあるものを使っています。

協力＝柏木菊江、青木房江、大森ノリ子
著作委員＝増田真祐美

撮影／五十嵐公

＜材料＞ 太巻き1本分

【すし飯】
米…1合
水…1カップ（200mℓ）
合わせ酢
- 酢…大さじ1と1/3
- 砂糖…大さじ3強（30g）
- 塩…小さじ1/3弱（1.8g）

【具】
きゅうり…縦1/4本
- 干し椎茸…2枚
- かんぴょう…5g
- 醤油…大さじ2
- 砂糖…大さじ2
- 水…適量

ほうれん草…20g
でんぶ…大さじ1

- 卵…4個
- 砂糖…大さじ1弱
- みりん…小さじ1/2
- 塩…ひとつまみ
- 油…適量

のり…1/2枚

＜つくり方＞

1 すし飯をつくる。
2 干し椎茸は戻して薄切り、かんぴょうは塩（分量外）でもんでから水で戻し、調味料と水をひたひたに加え一緒に煮る。ほうれん草をさっとゆでる。
3 卵に調味料を入れてよく混ぜる。24cm大の卵焼き器を温め、油を引いてから卵液を入れ、弱火にしてゆっくり、焦げめがつかないように焼く。焼くのは片面だけで、ひっくり返さない。表面が固まるまで動かさないこと。大きなフライパンで焼き、四角く切ってもよい。
4 卵が焼きあがったら熱いうちに、焼き面を下にして巻きすにのせ、奥を5cmほど残し、すし飯を平らに広げる。
5 すし飯の上にのりをのせ、ご飯を薄く敷き、奥からきゅうり、かんぴょう、椎茸、でんぶ、ほうれん草の順に並べる。奥にかたいものをのせると巻きやすい。
6 卵が熱いうちに巻きすで巻く。冷めると卵がくっつかなくなるので手早く作業する。
7 形が落ち着いたら8つに切る。

〈新潟県〉

クルミ入り太巻きずし

昭和初期の新潟市（旧市内）は、日本海と信濃川にはさまれた「新潟島」が商業・政治・文化などの中心でした。税関もおかれた新潟港があり、県外や海外との交流も盛んでした。昔は信濃川の川べりや町の中を走る堀に沿ってクルミの木が自生していたそうですが、1964年の国体にあたり堀は埋められて道路になり、クルミの木はずいぶん減りました。

新潟市の太巻きずしといえば、必ずクルミの甘辛煮が入ります。色とりどりの具の中でも、ほかの具と大きく異なる食感と、深いコクでおいしさの要になっています。

クルミの甘辛煮の味は「あまじょっぱい」といい、関東の甘辛味よりも甘味を強くします。そのまま佃煮としても食べました。他にも、すって和え衣にするなど、新潟ではごまと同じ用途で使われてきました。殻つきでの保存性が高いことや、ごまよりも脂質が多くコクが深いと好まれたのです。

協力＝渡辺マサ、渡辺寛吾、小宅聡子
著作委員＝渡邊智子

＜材料＞ 2本分

【すし飯】
米…1カップ
水…1.1カップ（220mℓ）
合わせ酢
- 酢…大さじ1と1/3
- 砂糖…大さじ1/2
- 塩…小さじ1/4

【具】
- 卵…2個
- 砂糖…大さじ2
- みりん、酒…各大さじ1
- 塩…少々

- かんぴょう…10g
- 醤油…大さじ1
- 砂糖…大さじ1と1/2
- みりん…大さじ1/2
- 椎茸の戻し汁…大さじ5

- 干し椎茸…10g
- 醤油…大さじ1
- 砂糖…大さじ1と1/2
- みりん…大さじ1/2
- 椎茸の戻し汁…大さじ5

- クルミ（殻つき）…150g（正味70g）
- 醤油…大さじ1
- 砂糖…大さじ1と1/2
- みりん…大さじ1/2
- 椎茸の戻し汁…小さじ1

奈良漬け…70g
きゅうり…2/3本（70g）
でんぶ
- 白身魚（タラ、タイなど）…70g
- 塩…小さじ1/5
- 酒…大さじ1と2/5
- みりん…大さじ3/4
- 食紅…少々（水で溶く）
- 砂糖…大さじ3/4

のり…2枚
しょうがの甘酢漬け
- しょうが…25g
- 米酢…大さじ1と2/3
- 砂糖…大さじ1
- 塩…少々

＜つくり方＞

1. すし飯をつくる。
2. 卵と調味料を合わせて厚焼き卵を焼き、1.5cmの棒状に切る。
3. かんぴょうはさっと洗い塩もみする。塩を洗い流し水に10分浸す。たっぷりの水でやわらかくゆでてザルにあげ、調味料で煮含める。
4. 干し椎茸は戻し、5mm程度の幅に切り調味料で煮含める。
5. クルミは殻のまま10〜15分炒ると殻に隙間ができる。殻を割り実を出し刻んで、調味料で煮汁がなくなるまで煮つめる。
6. 奈良漬けと板ずりしたきゅうりは1cm角程度の棒状に切る。
7. でんぶをつくる。3cmに切った魚を3分ゆで、骨や皮を除き、布巾に包み流水でもみ洗いする。かたくしぼり、細かくほぐしたら砂糖以外の調味料と食紅で弱火でさらにほぐしながら炒る。最後に砂糖を加え混ぜる。
8. 巻きすを広げ縦長にのりをおく。端を巻きすにそろえる。のり1枚にすし飯の半量をのりの向こう側を1.5cm残し全体に広げる。すしの中央から手前に、半量に分けた具を並べる。両手で巻きすをもち、のりを合わせ、巻きすの上から形を整え、1.5cm幅に切る。
9. しょうがは薄切りし、熱湯に酢少々（分量外）を加え透明感が出るまで煮て、調味料に30分ほど漬ける。
10. すしを盛りつけて、9のしょうがを添える。

撮影／高木あつ子

〈奈良県〉

こぶの巻きずし

巻いた昆布がやわらかく、うま味がきいた甘すぎない品のいい味のすしです。奈良県でつくるのは下北山村周辺だけですが、同様のすしは和歌山県、三重県にもあります。下北山村は県の東南端、四方を山に囲まれ、和歌山県や三重県に接していることから、両県の食文化の影響を色濃く受けています。

正月の祝い料理として、サンマのすし、のりのすし(のり巻き)、揚げのすし(いなりずし)と一緒につくって盛り合わせたり、ほかにも祭りや結婚式、長寿の祝い、お彼岸や法事の際にも食べられてきました。すし用のサンマも最近は熊野側から来なくなり、北海道のものを使うようになっています。

昔の昆布は煮るのに時間がかかりましたが、今のものは10分程度で煮えます。加熱時間が長いと破れやすいので、炊きすぎには注意します。やわらかくすべりやすい昆布を巻くのは経験が必要。慣れないうちは、巻きすではなくさらし布か、あるいは巻きすにさらし布を敷いて巻くとよいでしょう。

協力＝大崎邦子、辻道子
著作委員＝三浦さつき

<材料> 2本分(1本約40cm)

【すし飯】
米…3合
水…3.2カップ(630mℓ)
合わせ酢
　酢…大さじ2と2/3
　砂糖…大さじ3強(30g)
　塩…小さじ1/2(3g)
　昆布…5〜10cm
　白板昆布*…2枚
　だし汁(いりこ)**…2.5カップ
　醤油…50g
　砂糖…30g
　みりん…大さじ1と1/2弱(25g)

【具】
ごぼう…1/3本(50g)
にんじん…1/2本(60g)
かんぴょう…10g
干し椎茸…3枚(5g)
(具200gに対して)
　だし汁(いりこ)＋椎茸の戻し汁…2.5カップ
　うす口醤油…大さじ3
　砂糖…30g
　みりん…大さじ1弱(15g)
桜でんぶ…適量

*白板昆布はおぼろ昆布を削った残りの黄白色の部分で、バッテラなどに使われる。

**いりこは15〜16尾使ってだしをとる。

<つくり方>

1 ご飯を炊く。合わせ酢は昆布と一緒に沸かし、熱いうちにご飯に混ぜる。昆布は取り除く。

2 白板昆布は水で戻さず4つにたたみ、ひと煮立ちさせただし汁で煮る。1分ほど煮たら調味料を加え、8分ほど煮る。

3 干し椎茸は戻して4mmの薄切りにする。かんぴょうは水洗い後、塩もみする。椎茸以外の具は割りばしの細さ(4mm幅)にし、白板昆布の長さにそろえて切る。

4 ごぼう、かんぴょうをだし汁と戻し汁で煮て、次ににんじん、椎茸を加え、火が通ったら調味料を加えて煮汁がなくなるまで煮る。

5 巻きすに昆布より大きいさらし布を広げる。その上に2の昆布1枚を広げ、すし飯400gほどを八分目の広さに広げる(写真①)。

6 半量の具をのせて(写真②)、巻く。巻きすを2枚並べ、2人で巻くとよい(写真③、④)。2〜3cmに切り分ける。

◎昆布は半分の長さに切ると巻きやすい。その場合は巻きすは1枚でよい。

◎具はきゅうり、卵焼き、高野豆腐を入れることもある。

1

2

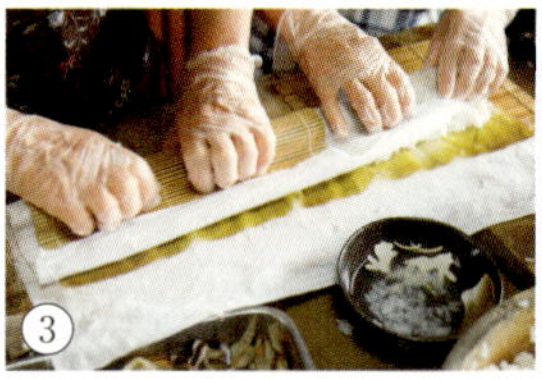
3

4

白板昆布。地元では「すしこぶ」「ひらこぶ」と呼ばれる

真ん中の2列がこぶの巻きずし。のりのすしと一緒に盛り合わせる

撮影／五十嵐公

〈和歌山県〉

わかめすし

緑の濃淡の模様が美しく、色も鮮やかなこの巻きずしは、「のり」ではなく「わかめ」で巻いたもの。新わかめのとれる春のすしで、旧暦のひな祭り（4月3日）の行事食として地域に伝えられてきました。県中部を流れる日高川が紀伊水道にそそぐ地域の日高御坊《ごぼう》では、この日を「しがさんにち」と呼び、わかめすしや料理を持って磯遊びに行きました。

わかめは、やわらかい葉の部分を重ねた「ハリワカメ」を使います。かつては多くの家で春にハリワカメをつくりましたが、わかめの葉を一枚一枚重ねる作業は根気と技術が必要で、乾燥中は葉が縮んで穴が開かないよう見ているなどの手間がかかります。天候にも左右されるので、張る人が少なくなりました。今は漁協が加工販売するものを使うことが多いようです。

必ず入れるのは、たくあん漬け。わかめの風味と塩味に、たくあん漬けの味とパリパリした食感がよく合います。わかめすしは孫や子どもたちに喜ばれるので、今でも春になるとつくられています。

協力＝松村よう子　著作委員＝橘ゆかり

撮影／高木あつ子

＜材料＞ 4本分

【すし飯】
- 米…2合
- 水…2カップ（400mℓ）
- 合わせ酢
  - 酢…1/2カップ弱（80mℓ）
  - 砂糖…65g
  - 塩…小さじ1/2

【具】
- 干し椎茸…3枚
- 砂糖、醤油…各大さじ3
- 椎茸の戻し汁＋水…1.5カップ
- 高野豆腐…2個
- にんじん…1本
- 砂糖…大さじ6
- 醤油…大さじ2
- 塩…小さじ1
- 水…2.5カップ
- きゅうり…1本
- たくあん…1/2本（約150g）

ハリワカメ…大2枚

ワカメの葉の部分を重ねてのりのように乾燥させたハリワカメ。横半分に切って使う

＜つくり方＞

1. すし飯をつくり、4等分し軽くにぎっておく。
2. 干し椎茸を戻し、調味料と戻し汁で煮汁がなくなるまで煮て1cm幅に切る。
3. 高野豆腐を戻し、1個を棒状に4つに切る。にんじんは長めの拍子木に切り、一緒に調味料と水で煮汁がなくなるまで煮る。
4. きゅうりは縦に4本に、たくあんは拍子木に切る。
5. 巻きすに、半分に切ったハリワカメをのせ、ぬれたペーパータオルで汚れを軽くふく。
6. 1のすし飯1つをハリワカメの上に丁寧に広げる。手前1cmと巻き終わり2cmはすし飯をのせない。
7. 手前から高野豆腐、椎茸、にんじん、たくあん、きゅうり各1/4量をのせ、巻きずしの要領ですしを巻く。1本を8つに切る。

〈熊本県〉

南関あげ巻きずし

かたくて大きな南関あげをのりの代わりに使った巻きずしは、昔から県北部の南関町で正月や祭り、祝いごとになるとつくられてきたごちそうです。

南関あげの由来は諸説ありますが、１６３７年から38年にかけて起こった島原の乱の後、四国の伊予松山地方から島原半島へと移住させられた人々が、通り道となった南関でその製法を伝えたとされています。長期間保存できるよう豆腐を薄く切り、水分を抜いて二度揚げしているので、パリっと乾燥した乾物のよう。だし汁や煮汁を含むとふっくらと戻ります。南関では普段からたけのこの煮物や味噌炒め、味噌汁、煮物、炊きこみご飯、だご汁などさまざまな料理に使われています。

親戚などが集まる際は、この巻きずしと馬刺しを準備します。甘辛く炊いた南関あげはもちっとした食感で、のり巻きのおいしさといなりずしのジューシーさがあり、子どもたちにも人気です。

協力＝片山カツ子　著作委員＝秋吉澄子

撮影／戸倉江里

＜材料＞ 4本分

【すし飯】
- 米…3.5合
- 水…3.5カップ（700mℓ）
- 合わせ酢
  - 酢…120mℓ
  - 砂糖…100g
  - 塩…大さじ1

南関あげ（20cm角の正方形）…4枚
- 干し椎茸…4枚
- 昆布…5cm
- 干し椎茸と昆布の戻し汁…2.5カップ
- かんぴょう…40g
- 砂糖…大さじ1
- 醤油…大さじ3
- 酒、みりん…各大さじ1と1/2

にんじん…1/2本（80g）

厚焼き卵
- 卵…4個
- 砂糖…大さじ1
- 塩、油…少々

ほうれん草…4株（80g）

桜でんぶ…適量

＜つくり方＞

1. すし飯をつくる。
2. 南関あげは割れないよう、大鍋に入れた熱湯に浸し、油を抜く。ザルに広げて水けをきる。
3. 干し椎茸と昆布を水で戻し、戻し汁ごと鍋に入れて火にかけ、沸騰する前に昆布のみ取り出す。
4. 3にかんぴょうを加えてしばらく煮る。透き通って膨れてきたら、調味料を加えて煮含めてとり出す。椎茸はせん切りにする。
5. 4の残り汁で2を10分煮る。熱いうちに巻きすに広げて4枚重ね、巻いて汁けを適度にしぼる。しぼり過ぎるとパサパサに、しぼり足りないと水っぽくなる。
6. にんじんは7mm角の棒状に切る。下ゆでし、5の残り汁で煮る。
7. 厚焼き卵を焼き、棒状に切る。
8. ほうれん草はかためにゆで、水けをしぼる。醤油小さじ1（分量外）をからめて再び水けをしぼる。
9. 巻きすに南関あげ1枚を広げ、すし飯1/4量を均等にのばしてしっかり手で押さえる。すし飯の中央にでんぶ、椎茸、にんじん、ほうれん草、かんぴょう、卵焼きの各1/4量を順に重ねて、一気に巻く。南関あげはすし飯とくっつきにくいので、巻きすを立て、崩れないようしっかり締める。具とすし飯を一度のりで巻くとつくりやすい。
10. 真ん中から切り、8等分にする。

巻きずしのつくり方

具は乾物や季節の野菜とさまざまですが、
巻き方は基本的に同じです。
繰り返すことで、コツがつかめるようになります。

写真／五十嵐公
協力／大越歌子（栃木県）

＜材料＞ Ｉ本分

のり…1枚
すし飯…250g
【具*】
かんぴょうの甘煮…40g
きゅうりの細切り…1本
厚焼き卵の細切り…1本
でんぶ…10g
手酢…適量（酢：水＝1：1）

*具はのりの長さに合わせ、長いものは切ったり折り返したりする。

1 巻きすは糸の出ているほうを向こうにしてのりをのせる。手酢をつけてすし飯をまとめ、のりの上にのせる。向こう側を2～3cmほど残し、全体に手で広げる。

2 やや手前にかんぴょうをおき、次にでんぶ、きゅうりを向こうにおく。

3 でんぶの上に卵焼きをおく。こうするとでんぶが散らない。

4 具と飯を手で押さえながら、手前を巻きすごと持ち上げる。

5 一息で向こう側の飯の端に持っていく。

6 飯どうしを合わせたら少し押さえる。巻きすの上を転がして全体を巻く。

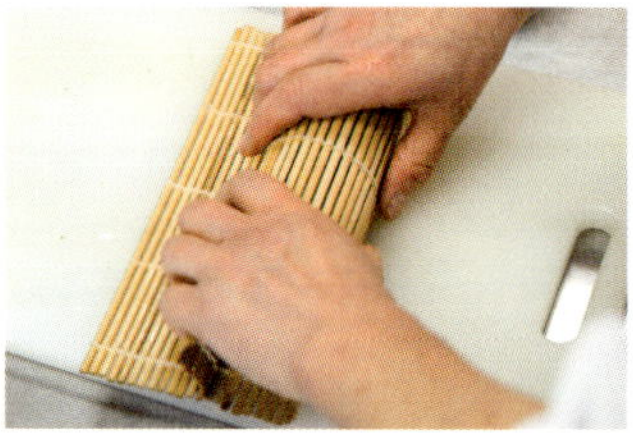

7 もう一度巻きすで巻き直して形を整える。

8 できあがり。

9 包丁を手酢でぬらした布巾でふき、7～8つに切り分ける。

〈青森県〉

いなりずし

津軽地方は、昔から米が豊富にとれる穀倉地帯。運動会や祝いごとには、もち米と砂糖を使ったいなりずしをつくります。甘くもちもちとした口当たりのいなりずしは食事ではなく、おやつです。たくさんつくって食卓にのせておき、めいめいが食べたいときに食べます。紅しょうがでピンク色に染まったご飯は見た目も華やかで、甘辛い油揚げと紅しょうがの風味がきいた甘いご飯の組み合わせはくせになるおいしさです。

　甘い味付けのいなりずしは、田植えなどのたくさん体を動かすときにも食べられていました。最近は砂糖を控える人もいますが、以前は1升の米に対し、飯茶碗3杯分(600gくらい)の砂糖を入れていたこともあったそうです。

　昔は運動会の日になると、いなりずしと巻きずしを詰めた重箱を持って子どもたちの応援へ行きました。この日は農作業も休み。男たちはもっきり(ぐいのみになみなみと注いだ酒)を飲み、子どもやお母さんたちは甘いいなりずしを食べて楽しんだそうです。

協力＝工藤良子　著作委員＝北山育子

撮影／五十嵐公

＜材料＞ 8個分

【すし飯】
もち米…1.5合
水…1.2カップ(240mℓ)
合わせ酢
┌酢…大さじ1と1/2
└砂糖…40g
紅しょうが…40g

┌油揚げ(大)…2枚(80g)
│水…1カップ
│ザラメ…50g
└醤油…大さじ1と1/2

＜つくり方＞

1　油揚げを十文字に4等分し、袋状にしてから油抜きをする。油揚げの上で箸を転がしてから切ると袋状にしやすい。
2　鍋に水、ザラメ、醤油を入れ、弱火にかける。ザラメがとけたら1を入れて落とし蓋をし、煮汁が少し残る程度まで煮る。味が染みるよう前日からつくっておく。
3　もち米を30分〜1時間水につけてから水けをきり、分量の水で炊く。炊き上がったら、ボウルなどに移し、合わせ酢を回しかけて混ぜ、みじん切りにした紅しょうがを加えて混ぜる。
4　2の油揚げの汁けを軽くきり、8等分したすし飯を隅までしっかりと詰め(写真①)、端を中に折り込み、三角に形を整える。

〈茨城県〉

いなりずし

クルミ入りのいなりずしは、県中部の笠間市のすしです。クルミが特産品で、市内にある笠間稲荷神社は胡桃下稲荷《くるみがしたいなり》とも呼ばれ、地元でも親しまれています。神社の参道の店で、さまざまな油揚げの料理やお土産が売られたのが始まりで、「そばいなりずし」も生まれました。いろいろないなりずしが各家でつくられ、おやつや休日の昼食にもなっています。

協力＝塙茂、坪来久子　著作委員＝石島恵美子

撮影／五十嵐公

＜材料＞ 16個分

【すし飯】
米…1.5合
水…1と1/5カップ弱（230mℓ）
合わせ酢
- 酢…大さじ1と1/2
- 塩…小さじ3/4
- 砂糖…大さじ1

油揚げ…8枚
酒…1/2カップ
水…3/4カップ
砂糖…大さじ5
醤油…大さじ3
クルミ…20g
しょうがの甘酢漬け…適量

＜つくり方＞

1 すし飯をつくる。
2 クルミは軽く炒ってから小さく切り、1に混ぜる。
3 油揚げをすりこぎでたたいて、中央から2つに切り、中を離す。ザルに並べ、たっぷりの熱湯で湯通しをした後、水にとってから手ではさむように水をしぼる。
4 調味料と水を鍋に入れ、3を均一になるように並べ、アルコールを飛ばすために中火で1分ほど沸かし、落とし蓋をして弱火で10分ほど煮る。
5 酢水（分量外）で手を湿らせて1個分の飯を軽くにぎり、油揚げに詰める。油揚げをひっくり返したものに詰めてもよい。
6 盛りつけの際、好みでクルミ（分量外）をのせ、しょうがを添える。

そばいなりずし

そばをすし飯の代わりにしたすしです。半分に折ったそばをゆで、麺つゆと酢で軽く和え、いなりずし同様に煮た油揚げに詰めて、小口切りのねぎをのせます。好みで酢を入れないこともありますが、酢でさっぱりしたそばと甘辛い油揚げがよく合うのです。

〈栃木県〉

おいなりさん

栃木県のおいなりさんは、かんぴょうでぐるりと帯を巻かれた姿が特徴的です。米俵をイメージして、豊作を願ったようです。春の花見や秋の運動会、盆や彼岸には、どの家もやわらかく煮たかんぴょうで巻いたおいなりさんと、かんぴょう入りの太巻きずしでずっしりと重い重箱を用意しました。

日本でつくられるかんぴょうの98％は栃木県産です。保水性が高く水はけもよい関東ローム層の土と、夏場に雷雨が多い気候が、原料であるウリ科の植物ユウガオの栽培に適していて、県南東部の真岡《もおか》市、下野《しもつけ》市、壬生《みぶ》町、上三川《かみのかわ》町などで生産されています。暑い夏にユウガオの実（ふくべ）を薄く紐状にむいて、その後2日間かけて干して仕上げます。むき方が悪いと途中で切れてしまいます。来客のもてなしには厚みのある高級なかんぴょうが使われます。中国からの輸入品に押されて、一時は国産品のシェアは10％以下に落ち込みましたが、近年は20％近くまで回復しています。

協力＝大越歌子、安藤麻理、京野理恵、田部田知香　著作委員＝名倉秀子、藤田睦

撮影／五十嵐公

＜材料＞ 10個分

【すし飯】（500g分）
米…1.5合
だし汁（昆布）…1.4カップ（280mℓ）
合わせ酢
- 酢…大さじ2と1/3
- 砂糖…小さじ2
- 塩…小さじ1/2弱

- 油揚げ（いなりずし用）…5枚
- だし汁…1カップ弱
- 砂糖…大さじ4弱
- 醤油…大さじ1と1/2弱
- 酒…大さじ1と2/3
- みりん…小さじ1

- かんぴょう…8g
- だし汁…1/2カップ
- 砂糖…大さじ1
- 醤油…小さじ2弱
- 酒…小さじ2弱
- みりん…小さじ1弱

かんぴょうの帯の最後は指でつまんで切る

＜つくり方＞

1 米にだし汁を加えて飯を炊き、すし飯をつくる。
2 油揚げは真ん中で2等分し、袋状に広げる。熱湯をかけて油抜きをする。
3 だし汁と調味料を煮立てて油揚げを入れ、落とし蓋をして10分ほど、煮汁がなくなるまで煮含める。
4 かんぴょうはさっと洗い、塩（分量外、小さじ1くらい）でもんで水に浸して15分ほどおく。流水で塩をよく洗い、軽くしぼって熱湯でゆでる。やわらかくなったら軽くしぼり、だし汁と調味料で煮汁がなくなるまで煮含める。途中で上下を返す。
5 酢水（分量外）を手につけ、すし飯を軽くにぎり、油揚げの角まで丁寧に詰めて形を整える。かんぴょうで2〜3回巻く。長い分は指でつまんで切る。軽く結んでもよい。

〈宮崎県〉

いなりずし

宮崎県のいなりずしは三角形、中には具だくさんのばらずし（p24）が入っています。行事や人寄りには何かというと季節の野菜やてんぷら（さつま揚げ）、こんにゃくなどを入れたばらずしをつくり、いなりずしにもこのばらずしを使うのです。ばらずしをにぎり、あっさりと甘く煮つけた油揚げに、食べる人に合わせて量を加減しながら詰めていました。

すしを油揚げに詰めると持ち運びしやすく、より一層おいしく食べられるので、運動会や花祭り（花見）には大きな重箱にのり巻きや魚ずし（p54）、煮物や卵焼きなどと一緒に詰め、家族や近所の人と大勢でにぎやかに食べたものです。

高千穂町で秋から冬にかけて行なわれる夜神楽のふるまいには、昔は煮しめと三角形のいなりずしが欠かせないものでした。耕作に牛馬を使っていた頃から畜産が盛んな宮崎県では、各地に競り市が立ちました。子牛を競りにだす人たちの交流の場にも、いつもいなりずしやのり巻きがありました。

協力＝長野タマ子、長野峯子
著作委員＝長野宏子、篠原久枝、秋永優子

撮影／高木あつ子

＜材料＞ 20個分

油揚げ…10枚
A ┌ 三温糖（またはザラメ）…100g
　│ 醤油…1/2カップ
　└ 水…1と1/2カップ
ばらずし…約1.5kg（p24のもの。約3合分）
白ごま…適量
梅酢漬け紅しょうが…適量

＜つくり方＞

1 油揚げはお湯に入れて油抜きし、水けをしぼる。中がはがれやすくなるように、まな板の上で軽くたたき、斜めに半分に切る。
2 Aを沸騰させ、油揚げを入れて落とし蓋をして15～20分弱火で煮含める。
3 油揚げが冷めたら軽くしぼり、中をはがし三角形の空洞をつくる。
4 ばらずしを軽くにぎって油揚げに詰め、詰め終わりにごまをふる。紅しょうがを添える。

宮崎県の油揚げは正方形。いなりずしには斜めに半分に切って使う

にぎりずし

にぎりずしといえば、江戸時代に生まれたファストフード、江戸前ずしですが、家庭では「ひっつけ」などと呼ばれ、手づくりしてきました。ただし、具は「漬け」や酢じめの魚、煮含めた川魚、山菜などさまざまで、その地域でたくさんとれたものを素材にしています。

〈千葉県〉 おぼろずし

房総半島の南部でつくられてきたおぼろ（でんぶ）は、かなり甘めの味つけで、この甘さがごちそうです。食べるとシャリシャリするほど砂糖が多く焦げやすいので、つくるときは加熱しすぎないように注意します。

おぼろずしは、8月20日の夏祭りによくつくられました。大皿には椎茸とたけのこの煮しめをのせたすしや、卵焼きのすしとともにおぼろずしが並び、ピンクの彩りを添えます。子どもは甘いおぼろずしが好きで先に食べてしまうのですが、この日ばかりはなくなるとまた補充されて、好きなだけ食べることができました。

夏祭りでは親戚がたくさん集まり、お土産を詰めるための重箱を持ってきます。招いた家では下の段には赤飯、上の段にはすしを詰めて渡します。たくさんつくったおぼろも、砂糖袋に入れて持ち帰ってもらいました。あこう鯛は、ゆでるとほんのりピンクがかっておめでたいので、おぼろ以外にも祝いごとでよく使われたようです。

協力＝熱田恵子
著作委員＝梶谷節子、渡邊智子

撮影／高木あつ子

＜材料＞ 4人分（12個分）

【すし飯】
米…2合
水…2カップ（400mℓ）
合わせ酢
- 酢、砂糖…各大さじ3
- 塩…小さじ1/2〜1
- だし汁（昆布）…大さじ1

アコウダイ（または生タラなど白身魚）…150g
塩…少々
- 砂糖…100g
- 食紅…少々（割りばしの先につくくらい）

＜つくり方＞

1 アコウダイは塩少々を入れた熱湯でゆで、骨や皮を除き、布巾に包み流水でもみ洗いする。

2 1に食紅を混ぜた砂糖を加えて、中火から弱火にかける。焦げないように4〜5本の菜箸でそぼろ状になるまで混ぜる。水けのある状態（写真①）から煮詰めて、カラカラになる前に火を止め（写真②）、余熱で水分を飛ばす。

3 すし飯をつくる。にぎりずしの大きさににぎり、その上に2をすし飯の1/3程度の厚みでのせ、やんわりと押さえる。

〈東京都〉

島ずし

新島や式根島などの東京諸島（伊豆諸島）ですしといえば、この島ずしです。とれたての魚をごく短時間、醤油だれにつけた「漬《つ》け」をのせたにぎりずしで、練り辛子を添えます。島には湧き水がなく気温も高いのでわさびは育ちません。代わりに練り辛子を添えたのが今も受け継がれています。さっぱりと食べられて意外にも漬けとの相性はぴったりで、初めて食べる人にも評判がいいようです。

東京諸島の郷土料理として「島ずし」と呼ばれていますが、大島と八丈島では「べっこうずし」、漁師の言葉で魚のことを「よ」というので、新島や式根島ではかつては「よずし」と呼ばれました。

漬けは、丼ご飯（白飯）や酢飯にのせ「漬け丼」にすることもあります。漁師は船上で、魚をおろして醤油と酒にどっぷりとつけて食べていたそうです。旬のとれたての魚をそのときならではの味として食べる島ずしは、祝いごとには、卵焼きで巻くだて巻きずしとセットで供されることもあります。

協力＝梅田喜久江、新島村郷土料理研究会、植松育　著作委員＝加藤和子

上から、ヒラマサ、タイ、マハタ

撮影／長野陽一

＜材料＞ 4人分（36個分）

【すし飯】
米…2合
水…2カップ（400mℓ）
合わせ酢
- 酢…大さじ2と2/3
- 砂糖…大さじ1
- 塩…小さじ2/3

【漬け】
魚（タイ、ヒラマサ、マハタ、ブリ、マグロ、カンパチ、メダイ、キンメダイ、イカなど、そのときにとれる魚）…約550gまたは刺身用そぎ切り36切れ
漬けだれ
- 醤油、みりん…各大さじ2と2/3
- 酒…大さじ1と1/3

練り辛子…好みの量

＜つくり方＞

1 すし飯をつくる。
2 漬けだれをつくる。甘くないたれがよければ、醤油だけでもいい。
3 魚は食べやすい厚さ、大きさのそぎ切りにし、漬けだれに10分ほどつける。
4 すし飯を小さめににぎり、練り辛子を塗り、漬けをのせる。写真のように、上に練り辛子をつけてもよい。

〈神奈川県〉
あじずし

相模湾《さがみ》のあじを使った昔ながらのにぎりずしです。真鶴《まなづる》や小田原、三浦といった相模湾沿岸地域では新鮮なあじが手に入ると日常的につくりました。押しずしにしたものは大船の駅弁としても有名です。真鶴半島の先端には「御林《おはやし》」と呼ばれる県内唯一の魚つき保安林があり、近海は豊かな漁場になっています。

地元では、普段から親指の爪を伸ばしてあじを器用に手開きにする人もおり、包丁より余計な身が残らずきれいにさばけるそうです。生、酢じめ、てこね（醤油、みりん、酒に漬けこむ）の3種類を、半身で大きくにぎります。

残った骨は「骨せんべい」にします。塩をふり、かたくり粉を軽くつけて油でからりと揚げると酒のつまみやおやつに人気で、刺身やすしを食べる日はよくつくるそうです。真鶴では、たたいてご飯にのせてしょうが醤油をかけ、熱いお湯やお茶、だし汁をかけて食べるまご茶漬けや、あじフライ、あじの開きなどもよく食べられます。

協力＝清水一美　著作委員＝清絢

上から、てこね、生、酢じめ

撮影／五十嵐公

＜材料＞ 4人分（約24個分）

【すし飯】
米…2合
水…2合（360mℓ）
合わせ酢
- 酢…大さじ4
- 砂糖…大さじ3
- 塩…小さじ1

【アジ】
アジ…4尾
- 塩…小さじ1/2
- 酢…適量
- 醤油、みりん…各大さじ2
- 酒…大さじ1

薬味（しょうが、ねぎ、わさびなど）…適量

＜つくり方＞

1 すし飯をつくる。
2 アジを三枚におろし、腹骨などの骨を取り除く。
3 2〜3枚ずつ、生、酢じめ、てこねの3種類のアジを用意する。
＜生＞ アジの皮をむき、食べやすい大きさにそぎ切りにして冷蔵庫で冷やす。
＜酢じめ＞ アジに塩をふり30分ほどおく。水洗いして水けをとり、酢をひたひたに加えて20分ほどつけ、皮をむいてそぎ切りにする。
＜てこね＞ ひと煮立ちさせて冷ましたつけ汁に20分ほどつけ、皮をむいてそぎ切りにする。
4 すし飯を魚の数にぎり、アジをのせてにぎる。生にはおろししょうがなどの薬味を好みでのせる。

〈静岡県〉
にぎりずし

刺身がのったにぎりずしは、おいしいマグロが手に入る静岡市ならではのすしです。祭りや誕生日などの祝いには、朝から下ごしらえをして家族にふるまいました。昭和30〜40年代はすし屋は大人だけが入る店。家族で行く機会はなく、子どものために家庭でつくるにぎりずしがごちそうでした。

定番のすしネタはマグロ、イカ、タコに、卵とかんぴょう巻き。人気のマグロは多めに、一人前ずつ平皿に盛りつけます。静岡県は冷凍マグロの水揚げ量が日本一。清水港（静岡市）や焼津港（焼津市）があり、おいしいマグロが手に入ります。にぎりずしのときは魚屋に「おすし用に何枚かちょうだい」と注文すると、マグロ、イカ、タコを切って盛り合わせてくれました。

ご飯は大きな釜で炊くと、ふっくらしておいしいすし飯がつくれたそうです。お釜でたくさん炊いて、余ったら煮ておいたおいなりさんでいなりずしにして、一緒に食卓にのせたり、次の日の食事にすることもありました。

協力＝高塚路子、遠藤泰子
著作委員＝高塚千広

撮影／五十嵐公

＜材料＞ 4人分

【すし飯】
米…4カップ
水…4.4カップ（880mℓ）
合わせ酢
- 酢…1/2カップ
- 砂糖…大さじ2強（20g）
- 塩…小さじ1/4

【すしネタ】
マグロ（赤身）…16切れ（160g）
スルメイカ、ゆでダコ…各8切れ（80g）
- 卵…1個（50g）
- 砂糖…大さじ1/2
- 塩…少々
- 油…小さじ2

- かんぴょう…10g
- 水…3/4カップ
- 砂糖…大さじ1
- 醤油…大さじ1と1/2

のり…2枚
おろしわさび、醤油…適量

＜つくり方＞

1 すし飯をつくる。
2 卵を溶き、砂糖、塩を混ぜ、油を熱したフライパンに一気に流す。全体を大きくかき混ぜ、長方形に整えながら3mmほどのやや厚めの薄焼き卵を焼く。冷めたら4枚の短冊に切る。
3 かんぴょうは塩（分量外）でもんでから水洗いし、水と調味料で煮汁がなくなるまで煮る。
4 すし飯は、18gを目安に手でにぎり、マグロをのせる。同じ要領で、イカ、タコのにぎりもつくる。わさびは、すし飯と刺身の間に適量はさむ。
5 卵のにぎりをつくる。
6 のり1/2枚でかんぴょう巻きをつくり、1本を4つに切る。

〈兵庫県〉

いわしのほおっかむり

撮影／高木あつ子

<材料> 5人分（25尾分）

【すし飯】
米…3合
水…3カップ（600mℓ）
合わせ酢
- 酢…2/5カップ
- 砂糖…80g
- 塩…大さじ1

イワシ…小25尾
塩…大さじ2
酢…1カップ
青じそ…13枚
甘酢しょうが…適量
わさび…適量

<つくり方>

1 すし飯をつくる。
2 イワシの頭を取り、腹を開いて骨を取り、塩をふりかけて20分おいてしめる。
3 酢にイワシをつけて20分おく。ザルにあげて水けをふく。
4 俵型にしたすし飯の上に、半分に切った青じそをのせ、わさびをぬり、2のイワシをのせてにぎる。甘酢しょうがとともに盛り合わせる。

淡路島全域で祭りにはもちろん、日常的にもつくられてきたすしです。海が近い家ではいわしや小あじがとれたら、朝つくって弁当に持っていったりしました。すし飯よりネタのいわしが大きくてほおかむりしているようなのでこの名前がついています。俵型ににぎったすし飯は豊作を意味し、農家にも親しまれてきました。温暖で二毛作もできる土地なので農家はいつも忙しく、農作業の合間につまんで食べることもあったそうです。

淡路島は昔から稲作をはじめ、農作物や魚介類に恵まれた豊かな島で、ほかの地域では麦飯など雑穀を食べていた昭和30年代でも、庶民が白いご飯を食べていました。鮮度のよいいわしは生臭さもなく、新鮮な魚がいつでも手に入り、米が豊富な淡路島ならではの味です。あじでもつくりますが、いわしの方が身がやわらかく、手で処理できて扱いやすく、味もよいという人が多いです。

協力＝淡路おみなの会　平野まさ枝
著作委員＝田中紀子

〈和歌山県〉

じゃこずし

県北部を東西に流れる紀の川沿い、紀の川市下丹生谷《しもにゅうや》などでつくられてきたすしです。川じゃこ（オイカワ）は各地でハヤ、ハエなどと呼ばれる川魚のこと。昔は紀の川にたくさんいて、夏から秋になると川にとりに行きました。

とった川じゃこは長い竹串に刺して炭火で焼き、乾燥させてから保存し、すしをつくるときに煮ます。苦みがあるので、番茶で下煮をしてから調味料を加えてあめ色になるまで煮つめると、甘くやわらかいじゃこができあがります。

にぎったすし飯にのせると、じゃこの甘さと香ばしさでたくさん食べられます。夏はにぎりずしにして、そのまますぐに食べ、秋祭りの頃は日持ちがするので、すし桶に入れて押しずしにして、味がなじんだものを食べました。大量につくっておくので、食べざかりの子どもたちは好きなときに好きなだけ食べることができ、秋祭りの次の日の運動会の弁当にもなったそうです。今もふるさとの味として、帰省してくる家族のためにつくり続けています。

協力＝中村美智子　著作委員＝青山佐喜子

撮影／高木あつ子

＜材料＞ 30個分

【すし飯】
米…5合
水…4.5カップ（900mℓ）
昆布…5cm
酒…大さじ1
塩…大さじ1/2
合わせ酢
- 酢…1/2カップ
- 砂糖…80g
- 塩、みりん…各大さじ1/2

【具】
川じゃこ（オイカワ）…30〜60尾
番茶*…適量
- 砂糖…大さじ4
- 醤油…大さじ3
- 酒…大さじ1と1/2
- みりん…大さじ1
- 水…適量

ハラン…適量

*ほうじ茶のように炒った茶色いお茶

＜つくり方＞

1 川じゃこは腹わたを取り、素焼きし、1日ぐらい風干しする。
2 1のじゃこに煮出した番茶をひたひたに入れ、1時間ほど弱火で煮て、煮汁を捨てる。番茶を替えもう1回煮ると、苦みがなくなる。
3 2にひたひたの水と調味料を加え、落とし蓋をしてとろ火でことことと、あめ色になるまで1時間ほど煮つめる。
4 すし飯をつくる。
5 すし飯をにぎり、1〜2尾ずつじゃこをのせる。

◎押しずしの場合：ハランをすし桶に敷き、にぎったすしにじゃこをのせて詰める。1段並べたらハランをのせ、2段目も同様に詰め、上にもハランをのせて軽く重しをして1日程度おく。

ままかりずし

〈岡山県〉

ママカリとは10～15cmほどになるニシン科の魚で、和名はサッパといいます。北海道より南の各地でとれるようですが、よく食べるのは岡山や香川、広島あたり。「ママカリ」と呼ぶのは、ご飯（ママ）が足りなくなり、借りに行くほどおいしいからなどと言われています。岡山ではおもに酢漬けや酢醤油漬けにして食べられます。

ままかりずしはママカリの光る青い背が美しく、この仕上がりは鮮度のよいママカリが手に入るからこそ。そのため、県内でも南の瀬戸内沿岸地域でよくつくられています。日常の料理としてつくる地域もあれば、華やかなばらずしよりも「何ごとかあれば、ままかりずし」といって祭りの料理になっている地域もあります。

ママカリは、とれるときはバケツ1杯といった量で買ってきたりもらったりしたので、日持ちをよくするよう酢漬けにしました。ママカリの酢漬けのほかに、ウロコのついた姿のままで焼いて酢醤油に漬ける「焼きままかりの酢醤油漬け」もよくつくられます。

協力＝石井つる子　著作委員＝大野婦美子

撮影／長野陽一

＜材料＞4人分（12個分）

【すし飯】
米…2合
水…2カップ（400mℓ）
合わせ酢
- 酢…大さじ2と2/3
- 砂糖…50g
- 塩…小さじ2/3
- 昆布…少々

白ごま…大さじ1
しょうがのみじん切り…大さじ1と1/2

【ママカリ酢漬け】
ママカリ…12尾
塩…大さじ1～1と1/2
甘酢
- 酢、水…各大さじ4
- 砂糖…大さじ3と1/3
- 塩…小さじ1/2

しょうが…1個（40g）
昆布…5cm角

＜つくり方＞

1 ママカリはウロコ、頭、内臓を除き、腹開きにして中骨を除く。塩をふり1時間ほどおく。臭みがとれ、身がしまる。
2 甘酢を鍋に入れて火にかけ、沸騰直前に火を止め、せん切りのしょうがを加え、冷ます。
3 1を水にとり、軽く洗って塩や臭みをとる。ペーパータオルで水けをふきとり、バットに並べる。
4 2をママカリが浸るくらいに注ぎ、昆布を入れて一昼夜漬けこむ。この状態で冷蔵庫で2～3日保存可能。
5 すし飯をつくり、ごまとしょうがのみじん切りを混ぜ合わせる。
6 5を4等分し、1人3個あてに俵型ににぎり、4をかぶせ、しっかりとにぎって形を整える。

〈大分県〉

茶台ずし

江戸前のすしが伝わる以前、臼《うす》杵《き》で「すし」といえば、茶台ずしを指しました。にぎりずしは各地にありますが、具（ネタ）を上下につけるのはこの地方独特です。下に敷いた具を茶台（茶たく）に見立てて茶台ずしと呼んでいます。

江戸時代、天保の改革の頃、臼杵藩は凶作と飢饉《ききん》で財政が苦しく、徹底した質素倹約が勧められました。そこで生まれたのがこのすし。身近にある材料だけで豪華に見えます。臼杵は質素倹約が身についた女性が多く、昔は「結婚するなら臼杵の女性」といわれたほど。茶台ずしはそんな背景から生まれたごちそうです。運動会などの行事では必ず家庭でつくり、大皿に盛って彩りを楽しみました。

具は身近にあるものならなんでも使えます。生や酢じめの小あじでもつくりますが、よく使うのは野菜。上下違う具ではさむと、一口でいろいろな味を楽しめます。ここで紹介するのは今入手しやすい野菜を使ったつくり方。コツは彩りよく組み合わせることです。

協力＝宇佐美裕之、宇佐美友香、宇佐美朝代
著作委員＝西澤千恵子

左から、なすと青じそ、さやえんどうと卵、椎茸と卵、パプリカとさやえんどう、エリンギと青じそ、わらびとパプリカ

撮影／戸倉江里

＜材料＞ 4人分（24個分）

【すし飯】
米…1.6カップ
水…1.6カップ（320mℓ）
昆布…5cm
酒…小さじ2
合わせ酢
- 酢…1/4カップ
- 砂糖…大さじ4と1/4
- 塩…小さじ1/2

【具】
- 干し椎茸…小4枚
- 干し椎茸の戻し汁…適量
- みりん…大さじ1/2
- 砂糖…大さじ2/3
- 醤油…小さじ1

- 卵…2個
- だし汁…大さじ3
- 砂糖…大さじ2弱
- 酒…小さじ1
- 塩…少々

- エリンギの軸…8cm長さ
- 油…適量
- だし汁…小さじ1
- 水…小さじ2/3
- 醤油、みりん…各小さじ1/2
- 砂糖…少々

- 長なす…10cm長さ
- 揚げ油…適量
- だし汁…1/2カップ
- 砂糖、醤油…各大さじ1と1/2

パプリカ…1個
さやえんどう…8枚
アク抜きしたわらび…4〜8本
青じそ…4枚
細切りののり、味つけしたかんぴょう、塩ゆでした三つ葉の軸…適量
◎だし汁はいりこと昆布でとった混合だし。

＜つくり方＞
1 すし飯をつくる。
2 戻した干し椎茸は戻し汁ごと沸騰させ、調味料を加えて煮る。食べやすいように薄切りにしてもよい。
3 卵は溶いてだし汁と調味料を混ぜ、厚焼き卵をつくる。にぎるすしに合わせて適当な厚さに切る。
4 エリンギの軸は2cm厚さの輪切りにし、断面に格子状の切れ目を入れる。両面を油でサッと炒めてから、だし汁と水、調味料で煮る。ホタテ貝に見えるように、横に切れ目を入れて広げてもいい。
5 なすは横半分に切ってから縦を2つに切り、皮に格子状に切れ目を入れる。油で揚げ、だし汁と調味料で煮る。
6 パプリカは表面を焼いて皮をむき、にぎるすしに合わせて適当な大きさに切る。
7 えんどうは筋を除いて、塩ゆでする。半分に割る。
8 青じそは半分に、わらびは適当な長さに切る。
9 すし飯を、24等分し俵型ににぎる。上下で好みの具をつける。離れてしまうときは、のりやかんぴょう、三つ葉の軸などでしばる。好みで醤油をつける。

〈高知県〉

ゆず酢の山菜ずし

山里の恵みを生かした目にも鮮やかな山菜ずしは「田舎ずし」とも呼ばれ、県全域の山間部でつくられます。鯖の姿ずし（p114）とともに皿鉢《さわち》料理に必ず入るすしです。

具は甘酢漬けか醤油味の煮物で、ここにすし飯をくっつける「ひっつけずし」と、すし飯を詰める「詰めずし」にします。高知ではゆず果汁を「ゆず酢」「ゆのす」と呼び、ゆずの産地ではすし飯も甘酢漬けもゆず酢だけでつくります。みょうが、りゅうきゅう、淡竹《はちく》はシャキシャキとした食感が持ち味で、こんにゃくや椎茸はしみ出るだしのうまみとゆずの香りがよく合います。

県東部に位置する北川村は幕末の志士、中岡慎太郎がゆず栽培を奨励した古くからの産地で、種から育つ実生《みしょう》ゆずが山の斜面にたくさん自生しています。11月の収穫期に果汁をしぼり、一升瓶に対して1合の塩を入れた「一合塩」のゆず酢を年間を通して利用してきました。昔は保存性のいい「一合塩」もありましたが、今は無塩が好まれて冷蔵保存に変わっています。

協力＝北川村ゆずサンサングループ
著作委員＝福留奈美

<材料> 4〜6人分

【すし飯】
米…3合
水…3カップ（600mℓ）
合わせ酢
- ゆず酢（一合塩）*…大さじ4
- 砂糖…大さじ6
- 塩…小さじ1
- 焼きサバのほぐし身…大さじ4〜5
- しょうが…1/3かけ（6g）

白ごま…大さじ1と1/3（10g）

【具】
- 淡竹**（またはゆでたけのこ）…150g
- だし汁…1カップ
- 醤油、砂糖…各小さじ1と1/2
- 塩…小さじ1/4

- こんにゃく…1枚
- だし汁…1カップ
- 醤油…小さじ2
- 砂糖…小さじ2
- 塩…小さじ1/5

- 椎茸…小8個
- だし汁…1カップ
- 醤油、砂糖…各大さじ1

- みょうが***…6個
- ゆず酢（一合塩）、砂糖…各大さじ1と1/2

- りゅうきゅう…1/2本（約80g）
- ゆず酢（一合塩）、砂糖…各大さじ1と1/2

青じそ…3〜4枚
白ごま…小さじ1

*無塩のゆず酢の場合は、90mℓに対し9gの粗塩を加える。

**淡竹は、生を煮汁で煮るか、塩漬けしたものを塩抜きし下ゆでして使う。

***塩漬けにしたミョウガを塩抜きして甘酢に漬けたり、梅酢漬けにして用いることもある。

<つくり方>

1 りゅうきゅうは皮をむき、20cm長さに切る。4%の塩（分量外）をふり、ポリ袋に入れて空気を抜き一晩おく。ため水に浸して軽くもみ洗いし、少し塩味がついている程度に塩を抜き、水けをよくしぼってから30分ほど調味料につける。

2 みょうがは2等分して30秒ゆでる。調味料に浸し、しんなりしたら芯に切りこみを入れて平たくする。

3 淡竹は、細いところは丸い筒状に5cm長さに切り、太いところは15〜20cm長さにして半分に割り、だし汁と調味料で煮る（写真①）。

4 こんにゃくは1枚の長い辺を4等分し、厚さを半分にして8つにし、袋状になるように切りこみを入れる。椎茸は軸を取り飾り切りにして、それぞれ煮汁がなくなるくらいまで煮て冷ます（写真②）。

5 ご飯を炊く。ゆず酢に砂糖、塩、焼きサバ、みじん切りのしょうがを混ぜる（写真③）。炊きたてのご飯に混ぜ、ごまも加えて混ぜる。

6 すし飯をひとつ20〜30gに丸め、こんにゃくと筒状の淡竹は中に詰め、淡竹は半分に切る。椎茸とみょうがはすし飯にくっつける。半割りの淡竹にはすし飯をのせ（写真④）、巻きすで押さえ（写真⑤）、2cm幅に切る。淡竹は、冷めるとつかなくなるので、煮物とすし飯が温かいうちにくっつける。

7 冷めたすし飯約200gを細長くまとめ、青じそとりゅうきゅうをのせ（写真⑥）、巻きすで押さえ、取り出しやすいようにごまを敷いた皿の上にのせる。2cm幅に切る。

撮影／長野陽一

〈宮崎県〉

魚ずし

宮崎県北部、日向灘《ひゅうがなだ》に面する延《のべ》岡《おか》市で、昔から祭りに必ずつくるのが魚ずしです。鯖、あじ、いわし、かますなどそのとき手に入る魚を使ったにぎりずしで、日持ちするように魚はしっかり塩をしてから白くなるまで酢じめにします。特産の平兵衛酢《へべず》というカンキツを使うこともあります。

同じ延岡でも他地域では盆や正月、祝いごとにもつくられますが、土々呂《ととろ》では11月の秋祭りのときだけ。土々呂の秋祭りは「面祭り」ともいい、お面をつけた神様が神柴《かみしば》を持って子どもたちを追い回します。子どもだけではなく大人もしばかれ、神柴で頭をたたいてもらうと風邪をひかないといいます。

秋祭りは夏祭りより盛大で、漁も休みになります。親戚が大勢集まるので、煮しめ、ばらずしなどでもてなし、お土産にたくさんの魚ずしや丸餅を持たせました。本家ともなると、もてなしの料理と土産用のすしを用意しなければならず、すしは3～5升分もつくったそうです。

協力＝金井淳子、須田トシ子
著作委員＝磯部由香

撮影／高木あつ子

＜材料＞ 15個分

【すし飯】
米…3合
水…3合（540mℓ）
合わせ酢
- 酢…1/2カップ
- 砂糖…大さじ4強（40g）
- 塩…大さじ1/2（9g）

【魚】
魚（120gほどの小アジ）…15尾
塩…300g
漬け酢
- 酢…2.5カップ（または酢1.5カップ＋平兵衛酢1カップ）
- 砂糖…大さじ1

しょうがの酢漬け…少々

＜つくり方＞

1 アジはウロコとゼイゴを取り、胸ビレを残して頭を切り落とし、背開きする。
2 アジの表面や腹の中に塩を十分にまぶし、冷蔵庫で2時間以上おく。
3 3、4回水を替え、ときどき味見しながら2時間ほど、適度な塩味が残るまで塩出しをする。身がやわらかくなったら、胸ビレ、背ビレや骨を手で取り除く。
4 少量の酢（分量外）で洗った後、ひたひたの漬け酢に1～2時間つける。ザルにあげて水けをきる。
5 すし飯をつくり、冷ます。
6 魚の漬け酢を手につけてすし飯を15個に分けてにぎり、アジをのせてにぎる。しょうがの酢漬けのせん切りを上にのせる。

葉のすし

柿の葉や笹など、身近な木や草の葉を使ったすしです。
葉っぱは包んだりはさんだりと、食器や仕切りになり、
また、抗菌作用がある葉の場合は保存性も増します。
そしてすしに彩りを添えて季節を感じさせることで、
よりおいしくするのです。

笹ずし
〈新潟県〉

正月、七夕、盆、祭り、田植えなど人が大勢集まるときの食卓を飾る笹ずしは、県内では柏崎から上越、糸魚川にかけての南西部で広くつくられています。一つは小ぶりなので具のちがう7種類を全部食べても大丈夫です。笹の葉を皿の代わりにして、直接手で持って食べると笹の香りがさわやかで、ついついもう一つと手が伸びます。

嫁いだ娘たちが小正月と盆の「藪入り」で里帰りすると、実家ではこの笹ずしを手土産用につくってくれたものです。嫁ぎ先に戻る日の朝、座敷には姉妹それぞれの分の笹ずしが箱詰めされて風呂敷に包んであり、それが一つずつなくなっていくのでした。

笹ずしは「わらじずし（わらんじょずし）」とも呼ばれます。また笹の葉を箕《み》の形にした「箕ずし」、すし箱に5段ほどかさねて重しをかけた「押しずし」もあります。笹の葉の表裏の使い方は地域によって違うようです。裏の方が「ご飯離れ」がよいので、裏側がご飯に接するようにつくる地域もあります。

協力＝松倉久枝、佐藤幸恵、小嶋満子
著作委員＝松田トミ子、長谷川千賀子

＜材料＞ 4人分

【すし飯】
- 米…3合
- 水…3カップ（600mℓ）
- 昆布…10cm角
- 合わせ酢
  - 酢…大さじ3
  - 砂糖…大さじ2と1/2
  - 塩…小さじ1

【具】
- A
  - 卵…2個
  - 砂糖、酒…各小さじ2
  - 塩…少々
  - 油…小さじ1/2
- B
  - ぜんまい（水煮）…80g
  - 油揚げ…1/2枚（10g）
  - 油…小さじ1
  - 砂糖…大さじ1/2
  - 醤油、酒…各大さじ1
  - だし汁（昆布）…3/4カップ
- C
  - 干し椎茸…2〜3枚
  - ちくわ…1/2本（45g）
  - 油…小さじ1
  - 砂糖…大さじ1/2
  - 醤油、酒…各大さじ1
  - 椎茸の戻し汁…3/4カップ
- D
  - 大根の味噌漬け…50g
  - クルミ…20g
  - 油…小さじ1
  - 砂糖…小さじ1
- E
  - ゆでたけのこ（姫筍＝ネマガリタケ）…20g
  - 砂糖…小さじ1/2
  - 醤油、酒…各大さじ1/2
- F 塩ザケ（甘塩）…80g
- G でんぶ…20g
- H さやえんどう…30g

笹の葉30〜40枚、すし箱、重し

＜つくり方＞

1 すし飯をつくる。

2 ぜんまいは3cm長さに切り、油揚げはせん切りにする。干し椎茸は戻して薄切り、ちくわは縦半分にして薄切りにする。大根の味噌漬けは細かく刻み、クルミは炒って粗く刻む。たけのこは斜め薄切り。塩ザケは焼いてほぐす。えんどうは塩ゆでして斜め切りにする。

3 Aの材料で炒り卵をつくる。

4 B、C、Dの具はそれぞれ油で炒めて調味料で煮る。

5 Eのたけのこは調味料で煮る。

6 笹の葉は、サッと熱湯をくぐらせて水けを切る。

7 すし箱（押し枠）に笹の葉を表を上にして並べる。

8 笹の葉の中心部にすし飯30〜50gを1cmくらいの厚さの小判型になるようにおき（写真①）、上にA〜Gの具を1種類ずつのせる（写真②）。平らになるように交互におく（写真③）。Hのえんどうは好みの具に彩りとして散らす。その上に、また笹の葉を重ね、すし飯、具を同じようにのせることを繰り返す（写真④）。

9 一番上を笹の葉で覆い、1〜2kgの重しをして30分くらいおく。

10 上の笹の葉を取り除き、笹1枚分ずつ取り出して皿に盛る。

右：押しずしタイプ
左：「箕ずし」タイプ

撮影／高木あつ子

〈長野県〉

笹ずし

笹の葉を食器として、また腐敗を防ぐためにも利用した、奥信濃に伝わるすしです。手を汚さずに食べることができ、口直しの紅しょうがが最後になるよう盛りつけるなど、食べる人への配慮もこめられています。戦国武将・上杉謙信に由来し、謙信一行に笹の葉を皿にして、ご飯、山菜のおかずをのせて差し上げたところ大変喜ばれたのが始まりと伝えられ、「謙信ずし」ともいわれます。

新潟県と接する県北の飯山市では、古くから冠婚葬祭などで食され、郷土食として親しまれてきました。春の山菜や秋の木の実など、飯山市の豊かな自然食材が具に生かされているのです。

昔は専用のすし箱（大きめの木箱）に笹とすし飯、具を交互に詰めて箱ずしにして切り分ける方法もありましたが、最近は少人数分でもつくりやすいここで紹介した方法でつくることが多いようです。もち米を1割混ぜるのは、翌日になってもかたくならず、おいしく食べるための工夫です。

協力＝木原喜美子、池田玲子
著作委員＝中澤弥子

撮影／高木あつ子

＜材料＞ 20〜25個分

【すし飯】
うるち米…2.5合
もち米（うるちの1割）…0.25合
水…2.75合（495mℓ）
合わせ酢
- 酢…大さじ4〜5
- 砂糖…大さじ2〜3
- 塩…小さじ1/2

【具】
戻したぜんまい*…150g
干し椎茸…4枚
大根の味噌漬け…100g
A
- 椎茸の戻し汁…1カップ
- 砂糖…大さじ3
- 醤油…大さじ1
- 油…大さじ1

錦糸卵（炒り卵でもよい）
- 卵…1個
- 砂糖…小さじ1
- 油…適量

クルミ…20g
紅しょうがのせん切り…30g

笹の葉20〜25枚

*たっぷりの水に干しぜんまいを入れてひと煮たちさせ、そのまま一晩おく。10〜15倍に戻る。水煮でもよい。

◎笹の葉は6月末〜7月中にとり冷凍保存する。水洗い後、使いやすい分量の束にして、ぬれたままポリ袋に入れて冷凍。熱湯でさっとゆで、水に2〜3時間つけると青くきれいに戻る。

＜つくり方＞

1 うるち米ともち米は合わせて炊き、すし飯をつくる。
2 ぜんまいは1cm長さに、戻した干し椎茸と大根の味噌漬けは粗みじんに切る。フライパンに油を熱してぜんまいを炒め、干し椎茸、大根の味噌漬けの順に入れ、Aを加え、水分がなくなるまで炒りつける（味噌漬けの塩分で塩味を加減）。
3 錦糸卵をつくる。
4 笹の葉を洗って両端を約2cmずつ切り、水けをふく。すし飯を40gぐらいずつ笹の葉の表面に小判型に平らに広げ、2の具、刻んだクルミ、錦糸卵、紅しょうがの順に、笹の根元側から彩りよく飾る。

◎具はきゃらぶきやわらび、かんぴょう、切り昆布、桜でんぶなどを使うこともある。

〈福井県〉

葉っぱずし

県北部に位置する永平寺町は、曹洞宗の大本山である永平寺のふもと、県内最大の九頭竜《くずりゅう》川が流れる町です。祭りや盆には、豊作・豊漁の祈りや客人をもてなすために葉っぱずしがつくられてきました。もとは九頭竜川を遡上するサクラマスを使っていましたが、最近は北海道などの塩マスが使われます。包む葉っぱはアブラギリです。

アブラギリは「油桐」と書くように、実からは灯り用の油がとれますが、葉はすしを包むのに使われます。変色せず、においもつかず、すし飯もつきにくく食べやすいので、町内では「おすしの木」と呼んで各家の庭に2本は植えてあるほど。多い家では20本も植えており「町の木」にもなっているのです。

9月の秋祭りには収穫に感謝して何升分ものすしをつくり、近所にも配りました。前日の夜から家族総出ですしを包み、一晩おくことで味がなじみます。毎年恒例の行事で、輪になってわいわいにぎやかに話しながら作業しました。

協力＝若鮎グループ加工部
著作委員＝谷洋子、佐藤真実

撮影／長野陽一

<材料> 65個分

【すし飯】
米…1升
水…1升1合〜1升2合（1980〜2160mℓ）（新米なら少なめに）
酒…1/4カップ
合わせ酢
- 酢…1カップ
- 砂糖…110g
- 塩…30g

- しょうが…100g
- 酢…適量

塩マスの切り身（15〜20g）…65切れ
つけ酢
- 酢…1カップ
- 砂糖…1/2カップ

アブラギリの葉65枚、すし箱、重し

永平寺町ではあちこちに植えられているアブラギリの木

<つくり方>

1 しょうがはマッチ棒ほどのせん切りにし、しばらく酢につけてしぼる。
2 酒を入れてご飯を炊き、すし飯をつくる。
3 すし飯が熱いうちに1を混ぜる。よく冷ます。
4 塩マスは30分ほどつけ酢につける。
5 アブラギリの葉は洗って水けをふき取る。
6 3のすし飯は、1個55gぐらいににぎり、4をのせてアブラギリの葉で包む。
7 すし箱の中に並べ、重しをのせて一晩おく。初めは30kgで30分〜1時間おいて、落ち着いたら10kgにする。

〈岐阜県〉

朴葉ずし

朴葉《ほおば》はホオノキの葉で20～40cmほどの大きさになります。香りが高く、食器の代わりになり、防腐作用もある朴葉を使ったすしが県内各地で見られます。

山間地である飛騨地方の下呂《げろ》市萩原では、具にする塩マスは合わせ酢で煮たうえに酢をしみこませることで日持ちをよくします。遠方に住む親戚も楽しみにしているので、毎年初夏になると1升の米を炊き、50個もつくるそうです。

中濃《ちゅうのう》の郡上《ぐじょう》市明宝《めいほう》では、ますずしや五目ずしを包みます。田植えの弁当の定番でした。魚は、目の前の吉田川でとれるサツキマスでしたが、今は塩鮭や塩マス、ちりめんじゃこも使います。平野部の美濃市では具は混ぜず、飯の上に具をのせ、押しをかけます。鮭、錦糸卵、紅しょうがは必ず使いますが、あとはあるもので彩りを整えます。

下呂・郡上・美濃ともに熱いすし飯を包むので、すし飯があたったところは葉が変色し、それが朴葉の香りが移ったおいしさのサインだといわれます。

協力＝水口裕子、石田賀代子、上田一江、別府憲子、小森正子　著作委員＝西脇泰子他

撮影／長野陽一

＜材料＞ 50個分

米…1升
水…1升（1800mℓ）
合わせ酢
　酢、砂糖…各2合
　塩、みりん…各大さじ2
塩マス（正味）…660g
みょうがたけ…10本（100g）
木の芽、紅しょうが…各適量

朴葉50枚

上は郡上市、下は美濃市の朴葉ずし

＜つくり方＞

1　マスはサイコロ状に切る。
2　合わせ酢を火にかけ、沸騰したらマスを入れ、火が通ったら火を止めそのままにしておく。なるべく手早くし、酢が飛ばないように気をつける。
3　2が冷めたら輪切りにしたみょうがたけを入れる。
4　ご飯を炊き、熱いうちに3を混ぜる。
5　洗った朴葉を広げ、4のすし飯（1個当たり茶碗半分強・60～70g）をおき、葉をたたんで少しにぎりこむ。
6　5を一度広げ、木の芽、紅しょうがをおき、葉をたたむ。

撮影／長野陽一

＜材料＞ 30個分

【すし飯】
米…4カップ
水…4カップ（800mℓ）
合わせ酢
- 酢…1/2カップ弱（90mℓ）
- 砂糖…大さじ3強（30g）
- 塩…大さじ2/3

【具】
- 塩サバ（または塩ザケ）…300g（30切れ）
- 酢…適量

紺のり、桜エビ…各適量
しょうがの甘酢漬け…20g

柿の葉30枚、すし桶（またはすし枠）、重し

＜つくり方＞

1 すしのえ*に切ったサバをひたひたの酢に1〜3時間ほどつける。
2 すし飯をつくる。
3 柿の葉にサバ、にぎったすし飯、紺のり、桜エビ、せん切りのしょうがをのせ、すし桶に並べる。蓋をし、約2kgの重しをして半日くらいおく。味がなじんだらできあがり。

*すし用の大きさという意。にぎりずしの具より一回り小さめくらい。

紺のり

柿の葉ずし

〈石川県〉

赤と紺のコントラストが鮮やかなすしは、金沢や、金沢より南の加賀地区（白山市、小松市、加賀市など）で祭りなどの行事でつくられてきたものです。加賀地区は農業が盛んで、農家の庭先にはたいがい柿の木があり、柿の葉を使ったすしが一般的でした。金沢市内では木枠に詰める押しずしタイプ（p72）が多く、もっと山間部へ行くと笹の葉で包むというように、形は変わっていきますが、この独特の色づかいは共通しています。

紺色の具は「紺のり」または「すしも」といい、テングサを青く着色したものです。最近はひじきやきくらげなどを使うこともありますが、やはりこの色合いは出せません。

すし飯の下には酢漬けの魚が隠されています。塩鯖や塩鮭が多く、かつては塩くじらも使われました。小松市あたりでは、いなり揚げ（いなりずし用に甘辛く煮たもの）がよく使われます。柿の葉ずしタイプは、押しずしタイプより押しのかかる力が少ないので、やわらかめの、ふんわりとした食感です。

協力＝北場幸枝
著作委員＝川村昭子、新澤祥恵、中村喜代美

〈和歌山県〉

柿の葉ずし

橋本市や伊都《いと》地方など県北東部の紀の川流域は、全国一の生産量を誇る柿の産地。古くから秋祭りや農繁期には必ず柿の葉ずしをつくってきました。柿の葉で包むと葉のよい香りがすしに移り、手に持って食べやすいだけでなく、柿の葉の抗菌作用で保存性がよくなります。秋祭りには重箱に詰めて親戚に持って行ったり、向こうの祭りにはもらったりと、お互いに贈りあいました。田植えの終わりには若葉でつくり、法事客のもてなしも柿の葉ずしだったそうです。

具は、塩鯖、千代巻、池エビ甘辛煮の3種類。昔は池エビがごちそうで、なにかというと食卓にあがりました。炒った米ぬかに池の泥も混ぜて団子にし、池の淵にまいておくとエビが寄ってくるので、それを網でとったそうです。池エビのとれる池は少なくなりましたが、今も稲の収穫後の10月、農業用池の水を抜いたらエビをとり、冷凍保存して大切に使っています。昔は甘辛く煮た松茸でつくることもありました。最近は鮭も使うそうで、具も時代で変わります。

協力＝山本鈴代　著作委員＝千賀靖子

撮影／高木あつ子

＜材料＞ 45〜50個分

【すし飯】
米…5合
水…5合（900mℓ）
合わせ酢*
- 酢…90mℓ
- 砂糖…75g

【具】
塩サバ…1/2尾
酢水（酢10：熱湯** 1）…適量
千代巻（蒸しかまぼこ）…8cm分
池エビ甘辛煮***…100g

【手水】
熱湯**…1カップ
酢…大さじ3

柿の葉（渋柿）****45〜50枚、すし箱、重し

*具の塩味が濃いので合わせ酢に塩を入れないが、好みで入れてもいい。

**衛生面から熱湯を使うことを受け継いできた。

***つくり方：池エビ400gを洗って、酒110〜150mℓ、醤油80mℓ、砂糖50gで甘辛く煮る。

****柿の葉は渋柿のものがやわらかく包みやすい。10月にとり、そのまま10枚ずつ重ねてポリ袋に入れ冷凍する。使うとき水につけて解凍する。若葉や紅葉でもよいが、香りは10月頃の青い葉が強い。

＜つくり方＞

1 すし飯をつくり、冷ました手水をつけて45〜50個ににぎる。ふわっとではなく、しかし、きつくしっかりはにぎらない。型を使うと大きさがそろう。
2 塩サバは薄皮を引き、15〜17切れにすいて（薄くそぎ切りにして）、冷ました酢水に半日ほどつける。
3 千代巻は4〜5mmの薄切りにする。
4 柿の葉は水分をふき軸を切る。光沢のある面の中央に具1種類をおき、にぎったすし飯をのせて葉で包む。包めないときは巻きつけるだけでもよい。
5 すし箱にきっちり並べ入れ、数段重ね、押し蓋をする。砂糖袋などで1kgの重しをして一晩おく。

〈鳥取県〉

柿の葉ずし

県東部の山間部に位置する智頭《ちず》町は、海から離れているため、昔から塩魚や焼き鯖などの保存がきく魚や、清流でとれた川魚、池の鯉などを利用してきました。

智頭町やその周辺の八頭《やず》郡内で、お盆や祭り、来客時のもてなし料理の一品としてつくられている柿の葉ずしも、塩魚を使ってつくるすし。酢じめした魚と青じそをすし飯に混ぜこみ、重しをしてつくるこけらずしが原型です。以前は鯖やシイラを使うこともありましたが、最近は冷凍保存しておいた塩マスを半解凍のまま、斜めに薄切りにして使います。

昔は各家に柿の木が植わっていたので、その葉っぱも身近なものでした。防腐効果がある柿の葉を使うとすしの保存性が高まると経験的に知っていたのでしょう。お盆のときには3日分くらいをまとめてつくっていました。

すしは半日程度寝かせることで、柿の葉や山椒、塩マスがすし飯とよくなじみ、よりいっそうおいしくなります。

協力＝國政勝子、國政正子、村尾久美子、池本利子　著作委員＝松島文子、板倉一枝

撮影／五十嵐公

＜材料＞60個分

【すし飯】

米…5合
水…4と1/4カップ（850mℓ）
昆布…10cm
酒…1/4カップ
合わせ酢
- 酢…3/4カップ
- 砂糖…115g
- 塩…大さじ1
- みりん…大さじ1と1/3

塩マス…片身1枚（正味500〜600g）
酢水（酢1：水1）…適量
生またはゆでた実山椒（または山椒の葉）…60個
手水
- 酢…1/4カップ
- 砂糖…大さじ1と1/4
- 塩…小さじ1/8

漬け酢
- 酢…1/2カップ
- 砂糖…大さじ2と1/2
- 塩…小さじ1/4

柿の葉約70枚、桶、重し

＜つくり方＞

1 塩マスは切りやすくするために冷凍しておく。
2 柿の葉は、ぬれ布巾で丁寧にふく。
3 すし飯をつくる。
4 手水をつけながらすし飯をにぎり、1個30gほどの俵型にする。
5 1は半解凍の状態で、皮と血合い、ひれを取り除く。酢水で洗い、身の表面についた脂分をとる。半解凍の状態のまま厚さ2mmほどの切り身にする。
6 柿の葉を1枚片手にとり、すし飯を1個のせて軽く押さえる。マスを1枚とり、漬け酢に2〜3秒くぐらせてからのせ、さらにその上に実山椒をのせる。全体を両手でゆっくり押さえる。
7 すしを桶などに隙間なく詰めて、柿の葉またはラップでおおう。木の蓋などをのせ、約1kgの重しをして半日程度味をなじませる。

〈奈良県〉

柿の葉ずし

柿の葉ずしは、奈良県を代表する料理で、県南部、特に吉野川の本流地域である吉野地方や五條市、川筋に近い御所《ごせ》市や高市《たかいち》郡で、田植えがすんで一息つく7月初旬から中旬にかけて、夏祭りのごちそうとしてつくられてきたものです。型箱で貯蔵するため、数日間は味わうことができました。

交通が発達していなかった時代、南紀熊野から運ばれる塩鯖は山坂を越えて吉野に入った頃、塩がほどよくまわってなれた味になったのです。柿の葉に包んで一晩おくと、塩鯖とすし飯がよくなじみ、葉の風味も感じられます。

下市町栃原《しもいちちょうとちはら》でうかがった話では、昔は5升もの米を大釜で炊き、すし飯をにぎる人、塩鯖をのせる人、葉で包む人と家族みんなでつくり、それを父親が近所の人や大阪の親戚に持って行ったそうです。

葉は緑色が鮮やかな渋柿の葉を使います。柿の葉には防腐作用があり、暑い夏のハレ食として先人が知恵をしぼってつくりだした時宜を得た料理といえます。

協力＝中森芳子、中森亜由美
著作委員＝志垣瞳、島村知歩

＜材料＞ 約100個分

【すし飯】
米…1升
水…1升2合（2160mℓ）
昆布…5cm角
合わせ酢
┌ 酢…1カップ
│ 砂糖…170～190g
└ 塩…大さじ1弱（15g）

生食用の塩サバ*…半身4枚（800～1kg）

柿（渋柿）の葉100枚と上にかぶせる分、16×6×2.5cmの俵型のおにぎり型（仕切り4つで5個できる）、重し、すし箱（33×20×30cm）

*好みで塩ザケでもよい。

＜つくり方＞

1 すし飯をつくる。
2 塩サバをそぎ切りする。8～10gを100切れつくる。
3 酢（分量外）で手をぬらしながら、すし飯で約170gのおにぎりを20個つくる（写真①）。
4 おにぎり型をさっと酢（分量外）につけ、サバを1切れずつ型に入れる。その上に、おにぎり1個をのせて均等になるように指先で平らにする（写真②）。蓋をしてぎゅっと押さえる。蓋を取って逆さまにし、取り出す（写真③）。これを100個つくる。型がない場合は、おにぎり1個を5個に分け、それぞれをかための長方形のおにぎりにしてサバを1切れずつのせる。
5 柿の葉は洗って水けをふく。
6 柿の葉を表を上に、葉先を手前にして左手に持ち、葉の真ん中よりやや上に4のすしをサバを下にしてのせ（写真④）、手前からくるっとひと巻きし（写真⑤）、その上から葉の軸が付いている方を手前に持ってきて巻く。巻き終わりを親指でしっかり持ち、両端をキャラメル包みする（写真⑥）。
7 6のすしを巻き終わりを下にしてすし箱にひと並べし、柿の葉を上からかぶせ（写真⑦）、すしをもうひと並べし、さらに柿の葉をかぶせる。これを繰り返して幾重かにすしを重ね、最後に蓋をかぶせて重し（4段重ねなら約9kg）をし、一晩おく（写真⑧）。

◎柿の葉の保存の仕方（塩漬け）：お盆前の柿の葉を洗わず何枚かずつ束ね、桶に並べてたっぷり塩を振る。これを繰り返し、最後に水をひたひたにつかる程度入れて落とし蓋をし、重しをして、ゴミが入らないように新聞紙などで包む。使うときは一晩水につけて塩抜きする。

①

②

③

④

⑤

⑥

⑦

⑧

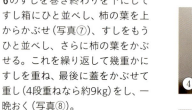

左は塩サバ、右は塩ザケ

撮影／五十嵐公

〈和歌山県〉

鯖のなれずし

白飯と鯖をアセ（ダンチク）の葉で巻いて桶に詰め、3〜4日発酵させたなれずしです。あせずしとも呼ばれ、有田《ありだ》地方の秋祭りにはなくてはならないものです。棒状につくる地域もありますが、有田川沿岸や河口近くの地域では、食べやすいように切り身を使い、小さく巻いてつくる家が多いです。

秋祭りには5升桶と3升桶に米7升分を仕込み、親戚には桶のままあげることもありました。秋祭りの翌日の運動会にも持たされ、ほかの子がおにぎりを食べる中、自分だけなれずしを食べるのが子どもの頃は少しいやだったという話もあります。昔は1週間くらい、ご飯の端が少し黄色くなるまでおいて食べたそうですが、今は仕込む量も少ないので、乳酸発酵の酸味や香りはおだやかで、熟れすぎないうちに食べ切ります。

なれずしを包むアセは、自宅に植えたり海岸に自生しているものを茎ごと刈ってきて使います。内陸部の有田川町（旧清水町）では芭蕉の葉で包み、こちらは梅酢を使い、漬けこみも半日ほどです。

協力＝宮本富美子　著作委員＝三浦加代子

＜材料＞ 1升桶1つ分（40個分）

塩サバ…3尾

- 酢…1と1/2カップ
- 酒…1/2カップ

米…1升
水…1升1合（1980mℓ）
塩…大さじ3/4
酒…1/2カップ
昆布…15×5cm 2枚

アセの葉120枚、1升桶、重し

なれずし用の1升桶、3升桶、5升桶。右のようなねじのついたしめ木が各桶にあり、ねじでしめて押す

＜つくり方＞

1 アセの葉を洗い、軽く水をふく。少し水けがあるくらいがよい。
2 塩サバを三枚に下ろし、骨を除き、身の部分をたっぷりの水（分量外）に2時間ほどつけて、適度に塩味が残るまで塩抜きをする。
3 ご飯の数（40個）に合わせてサバを切り、酢と酒を合わせた中に30分〜1時間つけ、水をきる。
4 塩、酒、昆布を入れてご飯を炊き、30分ほど蒸らして飯切りに移す。ご飯を4等分にし、少し冷めたところでさらし布巾で包み、空気を抜くように、力を入れながら丸くこねる（写真①）。
5 4等分にしたご飯をそれぞれ10個に分け、俵型ににぎる。
6 アセの葉を縦に持ち、ご飯とサバをのせる（写真②）。葉でぐるぐると巻き（写真③）、別の葉でご飯が隠れるように十字に巻き（写真④）、ほどけないように端を竹串などで葉の間に押しこむ（写真⑤）。
7 桶の底にアセの葉を敷き、**6**をきっちり詰めたら、その上にアセの葉を敷き、2段目を詰める（写真⑥）。同様に上まで詰める。
8 ご飯が乾燥しないよう、2〜3%の塩水（分量外）をすしの上に少しかぶる程度に入れ、蓋をしてしめ木でしめる。途中、しめ木をしめながら室温（20℃以上）で3〜4日発酵（なれ）させる。気温が低いときは保温器などに入れる。逆さにして塩水を抜いてから取り出す。

◎しめ木がないときは重しでもよい。2kgの重しをのせ、翌日に1kgたす。

◎しょうがの甘酢漬けと一緒に食べるとおいしい。

撮影／高木あつ子

すしを包む・はさむ・のせる葉っぱ

すしづくりには、身近な木の葉や草の葉が使われてきました。
葉で包んだりはさんだりすれば、手もベタベタしません。
抗菌作用のある葉も多いため、腐敗防止にもなりました。
ラップなどの包装フィルムがなかった時代の知恵です。

写真／長野陽一（アブラギリ、ホオノキ、ヤブミョウガ、ハラン左）、
五十嵐公（カキ、ササ、ハラン右）、高木あつ子（ダンチク）

アブラギリ（油桐）

トウダイグサ科の落葉高木。おもに西日本で生育し、庭木にもなっている。葉は15~20㎝長さでキリの葉に似ている。両面とも無毛で、葉柄が赤い。種子から油がとれるのでこの名前がつく。すしに使うのは6~10月の葉で、にぎったすし飯を包む。→p59葉っぱずし

福井県ではすし用に家の庭に植えている

ホオノキ（朴の木）

モクレン科の落葉高木。全国の山地に生え、庭木や街路樹にもなっている。葉は長さ20~40㎝、大きな楕円の卵形で厚くてかたい。裏面は白っぽく細い毛がある。すし飯をはさむのは、6月頃の葉。そのほか、朴葉味噌、朴葉焼きにも使われる。→p60朴葉ずし

山中に生えているが、よく使う家は敷地内に植える

カキ（柿）

カキノキ科の落葉高木。果樹や庭木としても身近で、沖縄以外で生育する。葉は長さ7~15㎝、楕円形で先端がとがり、表面に照りがある。すしに使うのは6~7月の若葉か11月の紅葉した葉で、渋柿の葉でつくることが多い。→p61、62、63、64柿の葉ずし

畑や庭に植えられ、実は果物として食べる

ハラン（葉蘭）

キジカクシ科の常緑多年草。バランとも呼ぶ。関東以南に生え、半日陰を好む。葉はかたくてつやがあり、長さ50㎝ほどの楕円形。押しずしの仕切りや和食の彩りに使う。→p76、77、78箱ずし、p90こけらずし、p93ゆうれいずし、p104酒ずし、p111鯖ずし

庭で栽培されることも多く、林などでも見られる

ダンチク（暖竹）

イネ科の多年草。アセ、ヨシタケとも呼ばれる。関東以西、暖地の海辺に生える。防風のため畑の周りに植えることもある。茎が太く高さ2～4mになる。葉の長さは50～70㎝、幅広い線形で先端が細い。葉を2枚使ってにぎったすしを包む。

↓p66鯖のなれずし

川原や海岸、休耕田などで見られる

ササ（笹）

イネ科の多年生の常緑笹。沖縄を除く全国の森の林床に生える。すしには葉の大きなクマザサ、チシマザサなどを使うことが多い。葉は10～25㎝長さ、楕円形で先がとがっている。すしには6～7月の若い葉を使う。

↓p56、58笹ずし、p71塩引きずし

森林の地表面近く、林床に広く生えている

ヤブミョウガ（藪茗荷）

ツユクサ科の多年草。関東以西から九州の暖地の林緑などに群生する。湿気の多い土地を好み、名前のとおりヤブで見かける。ヤマミョウガとも呼ばれるが、野菜のミョウガとは別種。葉は長さ15～30㎝の楕円形。押しずしの仕切りに使う。

↓p80こけらずし

湿気の多い日陰のヤブに生える

ウラジロ（裏白）

ウラジロ科の常緑のシダ。おもに中部以南の低山の森林に群落をつくる。切れこみが入った小さな葉が集まったのが1枚の葉とされ、長さは50～100㎝に及ぶ。表はつやがあり裏は粉白色。すしの仕切り、正月飾りや松茸の梱包にも使う。

↓p108さんまのなれずし

山の斜面などに生え、群落をつくる

押しずし　箱ずし

箱や枠、桶にすし飯を入れて押すので、すし飯と具がよくなじみ、ご飯がたっぷり食べられるすしです。西日本で多くつくられ、家庭には専用の木枠や箱があります。四角く切り分けたり型で抜いたり、具の飾り方やご飯の詰まり加減にも地域ごとに違いがあります。

撮影／長野陽一

＜材料＞ 8×15×4cmの型2個分

【すし飯】
米…2合
水…2カップ（400mℓ）
昆布…5cm角2枚
合わせ酢
- 酢…大さじ3
- 砂糖…小さじ2
- 塩…小さじ1弱

【具】
塩引きザケ*…約100g
甘酢しょうが…40g

笹の葉、押し型

*本ベニサケか、きつく塩してある塩ザケ。甘塩ものは生臭さが残るので、再度塩でしめてから使う。

＜つくり方＞

1 サケを型に合わせて薄く、14〜16枚にスライスする。凍らせると切りやすい。
2 すし飯をつくる。
3 押し型を酢水（分量外）でぬらし、あとで取り出しやすいよう笹の葉を敷いてサケをすき間なく敷く。
4 すし飯を詰めて蓋をし、軽い重しをして10分ほどおく。重しは陶器の皿でよい。
5 型から抜いて食べやすい大きさに切る。小さい型で1つずつ抜くこともあり、このときは笹の葉は使わない。甘酢しょうがを添える。

〈山形県〉

塩引きずし

昔から米沢市の婚礼の膳には必ずつくすしです。福島県との県境、海から離れた内陸部盆地の米沢市では、塩引き（塩鮭）は貴重なごちそうでした。白いご飯と赤い鮭を合わせるときれいな紅白になり、祝いの膳を華やかにしてきました。

塩引きは、塩抜きや酢じめはせず、ごく薄く切りそのまま使います。身がしまっているので臭みはなく、歯ごたえもしこしこしています。

かつて年末年始になると市内の魚屋には、1尾ままの新巻鮭が何本も吊るされ贈答品として重宝されました。焼くと塩がふき出て表面が真っ白になるものもあれば、脂と塩加減がほどよい本紅鮭と呼ぶ上等なものも入ってきました。塩引きずしにはこの本紅鮭がよいとされますが、値段が新巻鮭の2倍もしたため使えるのは裕福な家だけで、一般には新巻鮭を用いていたそうです。

最近は国産のよい塩鮭が手に入りにくく、仕方なく脂の多い外国産を使うこともありますが、そうまでしても食べたい料理です。

協力＝小野里幸子、小野里一栄
著作委員＝齋藤寛子

〈石川県〉

押しずし

すし飯がぎゅっと詰まった、ご飯をたっぷり食べる押しずしです。紺と赤の鮮やかないろどりは、p61の柿の葉ずしと同じ、「紺のり」と桜えびの取り合わせ。すしの底には酢漬けの魚が隠されています。すしの底押しずしタイプは金沢市周辺でよくつくられています。

酢漬けの魚は、かつて春はいわし、秋はシイラといわれましたが、塩鯖、塩鮭など塩魚を使うことも多かったようです。今は鯖やあじ、鮭、かますなども使われます。仕切りには薄板（経木）や白板昆布を使いますが、海岸地域の金石では普通の昆布を、また、山間部では笹の葉なども使ったそうです。

祭りになると押しずしをつくり、近所や親戚に届けました。するとよそからもらうことも多く、家々のすしの食べ比べになりました。あちこちに配るので、押しずしは1升桶5つもつくったものです。祭りの料理は押しずしのほかに赤飯、えびす（卵の寄せもの）、茶碗蒸し、はべん（かまぼこ）を用意します。娘の嫁ぎ先には押しずしと一緒に赤飯も届けました。

著作委員＝新澤祥惠、川村昭子、中村喜代美

＜材料＞ 18×22.5×8cmのすし枠1箱分

【すし飯】
- 米…8カップ
- 水…8カップ（1600mℓ）
- 合わせ酢
  - 酢…1カップ弱（180mℓ）
  - 砂糖…60g
  - 塩…大さじ1と1/3

【具】
- 魚の切り身（アジ）…480g（48切れ）
- 塩…24g（魚の5％重量）
- 酢…適量

- 紺のり、桜エビ…各適量
- しょうがの甘酢漬け…30g
- 木の芽…10枚ほど
- 白板昆布…適量

すし枠、薄板（経木）、重し

＜つくり方＞

1. 魚に塩をして、3時間以上おく。酢洗いして皮をとり、すしのえ*に切り、ひたひたになるくらいの酢につける。
2. すし飯をつくる。
3. すし枠を水で湿らせ、薄板を敷き、魚を並べる（写真①）。
4. すし飯の1/4量をすし枠に入れ、紺のり、桜エビ、せん切りしたしょうが、ちぎった木の芽をのせる。白板昆布または薄板をおいて、同様に魚、すし飯、その他の具、白板昆布または薄板をおいて4段重ねる（写真②）。最後に薄板をのせ（写真③）蓋をし、3〜5kgの重しをのせて半日〜一晩おく。
5. 味がなじんだらすし枠から出して（写真④）、包丁を湿らせながら切り分ける。

*すし用の大きさに切るという意。にぎりずしの具より一回り小さめくらい。

◎紺のりや桜エビの代わりに、きくらげ、にんじん、ゆず、レモンなどを用いてもよい。

撮影／長野陽一

〈富山県〉

押せずし

魚津《うおづ》市など県東部の新川《にいかわ》地区でつくられる押しずしです。このあたりでは一家に一つは押し型を持っていて、代々、大事に使ってきました。

具は焼き鯖とクルミだけのシンプルなものです。焼いた鯖や刻んだクルミが香ばしく、食感の変化もあり、のりの風味も加わって海と山の幸が楽しめます。ご飯はかたくしまっていて、食べごたえは十分。かつては「魚ご飯」といってご飯の間に魚をはさんで食べていたのが、すし飯を使うようになったともいわれています。祭りや祝いごとのときはもちろん仏事にもつくられ、切り分けずにのり1帖または半帖の大きさのままで大皿に盛りつけると豪快です。

魚は一度焼いてあるので長い時間おいしく食べられます。具にする焼き魚は鯖が好まれますが、骨が少なく扱いやすいため鮭を使う人もいます。ほかにもあじやニギスも使われ、県下屈指の漁場を持つ魚津港ならではのバリエーションがあります。

協力＝吉崎萱子
著作委員＝深井康子、稗苗智恵子

撮影／長野陽一

＜材料＞ 4人分

【すし飯】
米…5合
水…4と1/4カップ（850mℓ）
二杯酢
- 酢…1/2カップ強（115mℓ）
- 塩…小さじ2

砂糖…80g
塩…大さじ3/4（14g）

【具】
- 焼きサバ…中1と1/4尾（正味375g）
- 酢…大さじ3と1/3
- 砂糖…大さじ1強（10g）
- 塩…小さじ1/3（2g）

クルミ…20g
のり…3枚

押し型、仕切り板、重し

型から外したところ。写真の押し型は1升分

＜つくり方＞

1 米は水と二杯酢を加えて炊く。炊くときに酢を入れるとご飯につやが出てからっと仕上がる。炊き上がったご飯に砂糖と塩を混ぜて冷まし、3等分にする。
2 焼きサバはほぐし、調味料につけておく。
3 押し型の内側に酢（分量外）を少々ふり、底板の上に3等分したすし飯の半量をのせて平たくならす。
4 すし飯の上に細かく刻んだクルミの1/3量をのせ、その上に2のサバを1/3量のせる。
5 4の上に3等分したすし飯の残りをのせ、全体をおおうようにのりをのせる。
6 1段目の上にラップをした仕切り板をおき、ふたたびすし飯、クルミ、サバ、すし飯と重ね、のりをのせる。3段重ねて上蓋をし、重し（7.5kg）をして4～5時間おく。
7 型から外し、1段ずつ好みの大きさに四角く切り、器に盛る。

鯖の箱ずし

〈静岡県〉

箱ずしは全国的には「押しずし」が多くみられますが、伊東ではさながら弁当のように、1人前ずつきれいに木箱に盛りつけたものをいいます。蓋はありますが、押さずにのせるだけ。700年以上前に日蓮聖人が伊豆に流罪になったとき、朝夕の食事を運んだ井桁《いげた》の重箱が起源といわれています。

つくるのは隔年開催される伊東市の新井神社の夏祭り。屋号の焼き印が入った井桁に組んだ木箱を各家で多数所持しており、これにすしを詰めて贈り合いました。

すし飯の上には、具の鯖のそぼろをたっぷりのせます。伊豆半島の最東端に位置する伊東は鯖の水揚げ量が多く、家庭では毎日の食事にもよくそぼろをつくります。鯖をゆでてほぐし、水にさらしてから炒りつけるので、魚の臭みもなく白く仕上がります。そぼろ以外の具は家庭によってさまざまですが、黄色い卵、緑色のきゅうりやさやえんどう、赤いえびと彩りよくそろえ、伊豆特産の椎茸と毒消しの紅しょうがを必ず添えます。

協力＝西野松枝

著作委員＝新井映子、伊藤聖子

撮影／五十嵐公

＜材料＞ 4人分

【すし飯】

- 米…2合
- 水…2カップ強（405mℓ）
- 酒…大さじ1
- 合わせ酢
  - 酢…大さじ3強（48mℓ）
  - 砂糖…大さじ3弱（25g）
  - 塩…小さじ1/2弱（2.4g）

【具】

- サバ…1/2尾（正味160g）
- 砂糖…小さじ2
- 醤油…小さじ1

- 卵…1個
- 砂糖…小さじ1強（4g）
- 塩…0.4g
- 油…適量

- 桜エビ…20g
- 砂糖…小さじ1
- 醤油…小さじ1/2

- にんじん…60g
- だし汁（昆布とかつお節）…3/4カップ強
- 砂糖…小さじ1強（4g）
- 塩…0.4g

- 干し椎茸…4枚
- 椎茸の戻し汁…3/4カップ強
- 砂糖…大さじ1
- 醤油…小さじ1

- きゅうり…斜め厚切り4枚
- 紅しょうが…適量

木箱

＜つくり方＞

1. すし飯をつくる。
2. 塩少々（分量外）を入れたお湯でサバをゆで、冷めたら大きな骨や皮、血合いを除いて身をほぐし、30分ほど水にさらす。しぼって小骨を除いたら鍋に入れて炒り、調味料を加えて、しっとりしたそぼろに仕上げる。
3. 卵に砂糖、塩を入れて卵焼きをつくり、4等分にする。桜エビに調味料を加え炒りつける。
4. にんじんは細いせん切り、干し椎茸は戻しそれぞれの調味料で煮る。
5. 木箱にすし飯を詰め、2〜4の具ときゅうりを彩りよくのせ、紅しょうがを添える。

〈岐阜県〉

箱ずし

甘くてほろ苦い川魚「モロコ」の佃煮がたっぷり盛られ、甘辛い煮汁がしみこんでギュッと押された箱ずしです。県南西部の木曽三川（木曽川、長良川、揖斐《いび》川）に囲まれた輪中地帯で伝えられてきた味です。

川の水がきれいだった頃には多くの川魚がとれました。中でもモロコは骨や苦みが少なく味がよいので、子どもから大人まで好まれていました。どこの家にも5段重ねで押しをかける「のぼり」（箱ずしの型）があり、寄り合いで調理するときに取り違えないようにそれぞれの屋号を書きつけてあります。

昔はモロコが出回るのは10月から翌年3月頃でしたが、近年では冷凍モロコも売られるようになり、いつでも箱ずしがつくれるようになりました。ただし値段は高くなったので、昔ほどたっぷりは使えません。今はモロコ以外の佃煮や錦糸卵、でんぶなどを加えて彩りよくつくる家もあれば、少人数用にプラスチック容器で1合分からつくる工夫をしている家もあります。

協力＝海津市食生活改善協議会
著作委員＝堀光代

撮影／長野陽一

＜材料＞ 12×21×5.5cmの箱ずしの型1箱分

【すし飯】
米…2.5合
水…2.5合（450mℓ）
酒…大さじ1
昆布…5cm
合わせ酢
- 酢…1/4カップ
- 砂糖…50g
- 塩…小さじ1/2（3g）

【具】
モロコ…100g
しょうが…1かけ（15g）
醤油…大さじ2
砂糖…40g
酒、みりん…各大さじ1
酢…小さじ1

ハラン、箱ずしの型

箱を押さえるくさびを2人がかりで押しこむ

＜つくり方＞

1 モロコに軽く塩（分量外）をまぶし、冷水でサッと洗い、ザルにとる。しょうがはせん切りにする。
2 具の調味料を沸騰させ、モロコとしょうがを少しずつパラパラと入れる。煮立たせ続けることで生臭くならない。すべて入れたら軽い落とし蓋をして弱火でコトコトと約2時間、煮汁が少し残るまで煮つける。その間はモロコに一切触らない。
3 すし飯をつくる。
4 箱ずしの型を水でぬらし、その上に型の3倍の長さのラップを広げ、型の底板に合わせて切ったハランを敷く。
5 ハランの上にすし飯を入れ、平らにし、その上に2を一面に並べる。
6 上にもハランをかぶせ、ラップで包み込むようにし、蓋をして箱ずしの型押しをする。2〜3時間、最低でも1時間半はおく。
7 型からはずし、10〜12等分に切る。

〈愛知県〉

箱ずし（メジロ）

県の中部に位置する西三河は米づくりがさかんな地域です。ここではちらしずしや巻きずしなど、すしは行事ごとに年中つくっていましたが、年に1度の秋祭りは特別で、祭りのごちそうとしてつくられたのがこの箱ずしです。大勢集まった親戚には、各家で手づくりした箱ずしをそれぞれお土産に持たせたそうです。その際、飯の厚みが薄いと恥ずかしいから飯はしっかり詰めるようにと、姑からいわれたという話もあります。

のせる具は家によって違います。碧南《へきなん》や高浜《たかはま》は海が近いので魚がよく使われます。なかでもメジロと呼ばれる穴子の小さいものは味がよく、ちょっと贅沢な食材です。そぼろを魚屋に注文する家もあり、その場合そぼろの魚種も指定するなど家ごとに好みがありました。

箱ずしの型は家によっては家紋入りのものが伝えられており、以前は5段のものが多かったのですが、近年はやや小ぶりで7段のものもあります。

協力＝西三河農林水産事務所、輝きネット
著作委員＝森山三千江、山本淳子

撮影／五十嵐公

＜材料＞ 14×24×4.1cmの木型5段分

【すし飯】
米…1升5合
水…1升5合（2700mℓ）
昆布…50cm
酒…大さじ5
合わせ酢
- 酢…1と1/2カップ
- 砂糖…1.5カップ（180g）
- 塩…大さじ1と1/2

【具】
- 干し椎茸…30枚
- 椎茸の戻し汁…適量
- 砂糖、醤油…各大さじ5
- 酒、みりん…各大さじ1

- 卵…8個
- 砂糖…大さじ2
- 塩、サラダ油…少々

- メジロ（小さめのアナゴ・開いたもの）…10本
- 砂糖、醤油…各大さじ3
- 酒…大さじ2

- 生ザケ（焼いてほぐしたもの）…300g分
- 砂糖…大さじ1
- 塩…小さじ1/2
- 酒…大さじ2

さやいんげん…300g（約40本）

木型、ハラン

＜つくり方＞

1 すし飯をつくる。
2 型の大きさに合わせてハランを切り、底に敷く。
3 干し椎茸は戻してせん切りにし、調味料、ひたひたの戻し汁で水けがなくなるまで煮る。
4 溶き卵に砂糖、塩を入れて薄焼き卵をつくり、細切りにする。
5 メジロは調味料で煮る。
6 サケは調味料で煮て、菜箸などで混ぜながらそぼろ状にする。
7 いんげんは軽く塩ゆでする。
8 型にすし飯を8分目まで入れ軽く押さえて表面をなめらかにする。椎茸、薄焼き卵、メジロ、サケのそぼろ、いんげんの順に斜めに彩りよく並べる。
9 型を上に重ねて（普通は5段）木のくさびでしっかりと押し、10〜20分おく。箱から取り出し、1人分ずつ切り分ける。

〈愛知県〉

箱ずし

（モロコ）

県西部で木曽三川に囲まれた、尾張水郷《おわりすいごう》地帯ではどこの家でも木製のすし箱（幅5寸、長さ7寸、深さ1寸5分）を持っており、なんぞごとのときや、祭りなどには箱ずしをつくります。昔かられんこんの栽培が盛んで、特に旧立田《たつた》村（現愛西《あいさい》市戸倉町）では今も特産で生産量は県内一。具にはれんこん、川でとれたモロコ（コイ科の小さな魚）やハエ（フナの稚魚）、椎茸などを使います。今はかまぼこ、桜でんぶ、かんぴょうと具が増えて、より華やかになりました。

昔はモロコやハエを家で甘露煮にしましたが、今は旬の冬でもなかなか手に入りません。沼や川の魚がとれなくなったのは、昭和39年の伊勢湾台風後といわれています。昭和49年には集中豪雨があり、度重なる水害で農家は甚大な被害を受けました。その後、農地改良で農業の大規模化が進み、若い世代は名古屋地区への勤め人となります。伊勢湾台風の前後で、農村の暮らしも地域の食文化もずいぶん変わったのです。

協力＝佐藤玉枝、海部地方郷土料理研究会
著作委員＝西堀すぎ江、玄子紗世、菱田朋香

＜材料＞ 22.7×13.7×3.7cmのすし箱5段分

【すし飯】
米…1升
水…1升1合（1980mℓ）
合わせ酢
- 酢…1カップ
- 砂糖…100g
- 塩…小さじ1

【具】
- モロコ（生きているもの）…200g
- 醤油…大さじ4
- みりん…大さじ2と1/3
- 砂糖…40g
- しょうが…1かけ（15g）
- 油…小さじ1/2

- 干し椎茸…8枚（15g）
- 醤油…大さじ1と1/3
- みりん…大さじ1
- 砂糖…大さじ1と2/3

- れんこん…1節（150g）
- 醤油…大さじ1と1/2
- みりん…大さじ2と1/3
- 砂糖…40g

- 卵…3個
- 砂糖…小さじ2
- 塩…小さじ1/2
- 酢…小さじ1/3

桜でんぶ…60g

ハラン、すし箱

＜つくり方＞

1 すし飯をつくる。
2 モロコを洗い、煮立てた調味料に生きたまま入れて煮つける。油を入れるとバラバラにほぐれる。
3 戻した干し椎茸はせん切り、れんこんは薄切りにし、それぞれの調味料で煮る。
4 卵は溶いて調味し、湯煎で炒り卵をつくる。
5 すし箱を少し水でぬらし底板を入れ、その上にラップを敷き、箱の大きさに合わせて切ったハランを表を上にして敷く（写真①）。
6 1の飯を平らに広げる（写真②）。その上に具を彩りよく並べる（写真③、④）。どこを切っても具が平均に行き渡るよう斜めに並べる。
7 具の上にハランをのせて、蓋をして押さえ（写真⑤）、くさびでとめて2〜6時間おく（写真⑥）。
8 押さえ木をはずす。箱の裏側からすしをはずして、まな板の上にのせ、食べやすい大きさに切り分ける。

◎せん切りのにんじんの甘煮、ゆでたさやえんどうの斜め切りなどを具にすると、より彩りがよくなる。

①

②

③

④

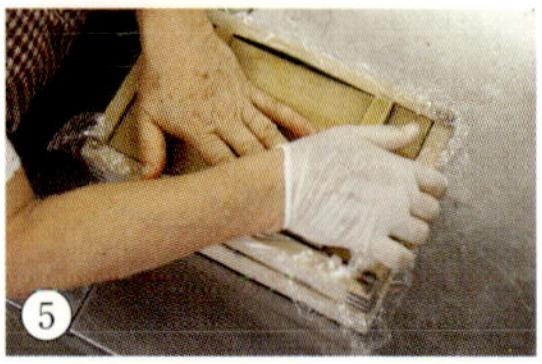
⑤

⑥

撮影／五十嵐公

〈三重県〉

こけらずし

5種類の具が飾られた美しい押しずしは、県南部、尾鷲市や紀北町など東紀州北部のもの。ご飯と具を4段重ねたもので、正月や祭り、人生儀礼の祝いなどの際、家族や親戚総出でつくりました。日常は質素でも、こういうときは華やかなすしで祝い、お祝いをくれた家には重箱に詰め、お返しに届けました。

熊野灘沿岸という土地柄、具には必ず魚が1種類入ります。あとは季節に応じて彩りよくそろえ、断面がきれいになるよう同じ幅に切って、こけら(杉や桧《ひのき》の薄い削り板)を屋根に葺《ふ》くごとく、少しずつずらしながら並べます。

紀北町島勝ではこのすしを「よへらずし」といいます。1段を1へら、2段を2へらとよび、4段だからよへらずし。「へら(篦)」は薄い道具の単位のことで、しゃもじやお好み焼きを焼く道具も「へら」です。

しっかり押したほうがおいしいので前日につくり、4段重ねたまま切って盛りつけ、葉をはずしながら1段ずつ食べます。

協力=松井まつみ、古谷純子
著作委員=成田美代、奥野元子

<材料> 5合用すし型(13.5×26.5×6.8cm) 1つ分

【すし飯】
米…5合
水…5合(900mℓ)
合わせ酢
- 酢…3/4カップ
- 砂糖…180g
- 塩…小さじ2弱(10g)

【具】
- にんじん…中1本(150g)
- だし汁…1/2カップ
- うす口醤油、みりん…各大さじ1
- 砂糖…大さじ1/2

- 干し椎茸…大5～6枚
- 椎茸の戻し汁…1カップ
- うす口醤油…大さじ1
- 砂糖…大さじ2
- 酒…少々

きゅうり(または水菜、さやえんどう)…150g

- 卵…2個
- 砂糖…小さじ1
- 塩、酒…少々
- 油…適量

酢じめサンマ(または酢じめのサバ、アジ)…1尾分

ヤマミョウガの葉(またはヤマイチゴの葉、ハラン)15～18枚、5合用すし型、重し

<つくり方>

1 合わせ酢を温めて砂糖を溶かし、すし飯をつくる。

2 にんじんは5～6cm長さに切り、やわらかくゆで、だし汁と調味料で煮含める。冷めたら1.5～2cm幅、2mm弱厚さの短冊に切る。

3 干し椎茸を戻し、戻し汁と調味料を加え汁がなくなるまで煮る。短冊になるよう斜めにそぎ切りする。

4 卵は厚めの薄焼きにして、5～6cm長さ、1.5～2cm幅の短冊に切る。

5 きゅうりは12cm程度の長さ、2cm幅、1.5～2mm厚さに切る。

6 酢じめサンマは5～6cm長さ、2cm幅に縦に長く切る。

7 型を酢水(分量外)でぬらし、型の長さに切ったヤマミョウガの葉を表が上になるように敷き(写真①)、すし飯を広げ(写真②)、蓋で押して平らにする(写真③)。

8 5種類の具を並べる。あとで縦に3つに切るので、目印にまずきゅうりをおき(写真④)、残りの具を並べる。「こけら葺き」なので、飯が見えないよう具が重なるぐらいきっちり並べ、隣が似た色にならないよう配置する(写真⑤)。

9 具を並べたら葉をのせて蓋で押し、同様にすし飯、具の順に重ねる。

10 4段目の具を並べたら、葉表を下に向けてのせ、蓋をして(写真⑥)、重し(すし飯の2倍重量)をのせ2時間～一晩おく。

11 型の外枠と蓋を順にはずし、6個に切り分ける。包丁は1回ずつ湿らせた布巾でふき、刃をまっすぐ入れて水平に動かす。

◎5種類の具はできるだけ同じ幅に切る。

撮影／長野陽一

〈滋賀県〉

宇川《うかわ》ずし

甲賀《こうか》市水口《みなくち》宇川集落の特産品、かんぴょうを使った宇川ずしは春祭りのごちそうです。宇川集落では4月25日の天満宮の祭日、春祭りに出すだけでなく、その翌日も、山に登って菜の花を見ながら女性たちだけで宇川ずしを食べる習慣がありました。農繁期になる田植えの前に、ごちそうを食べ、束の間の休息を楽しんだのです。

押しずしにのせる塩ぶりは、伊勢湾から来る行商から手に入れていました。甘辛く歯ごたえのあるかんぴょうと、酢がきいた塩ぶりの押しずしは、木の芽の香りもあいまって、えもいわれぬ味。一晩重しをしておくことで、ぶり、かんぴょう、酢飯の味がなじんでおいしくなります。

今回は小さなサイズでつくる分量を紹介しましたが、本来は大きな木箱を使います。2升の酢飯と具を4段から5段に重ね、一度に20人から30人前の押しずしをつくることができるので、結婚式や祝いごと、法事などの客呼びの際には、主婦たちが前日から仕込んでお客をもてなしました。

協力＝石川富美代　著作委員＝堀越昌子

＜材料＞ 3〜5人分

【すし飯】
米…3カップ
水…3.3カップ（660mℓ）
昆布…10cm
合わせ酢
- 酢…大さじ4
- 砂糖…大さじ3
- 塩…小さじ1と1/2

【具】
かんぴょうの含め煮
- かんぴょう…20g
- だし汁（かつお節と昆布）…1カップ
- 砂糖…大さじ2
- みりん…小さじ1と1/2
- うす口醤油…大さじ4/5

椎茸の照り煮
- 干し椎茸…中3枚（9g）
- 椎茸の戻し汁…1/3カップ
- 砂糖…小さじ1/3

ブリの酢じめ
- 塩ブリ…120g
- 酢…1/3カップ
- 砂糖…小さじ1/3

たけのこのうま煮
- ゆでたけのこ…50g
- だし汁（かつお節と昆布）…1/4カップ
- 砂糖…小さじ1と1/4
- 醤油…小さじ1

木の芽…適量
- 干し湯葉…5g
- 酢…大さじ1と1/3

3〜4合用の押しずし器

＜つくり方＞

1 塩ブリは酢1/3量でサッと洗って、刺身状に切る。残りの酢と砂糖を混ぜ、一晩つける。
2 すし飯をつくる。
3 湯葉をほぐし、10分ほど酢につける。
4 かんぴょうは洗って塩もみし、ゆでる。1cm長さに切り、だし汁と調味料で歯ごたえが残るくらいのやわらかさに煮る。
5 戻した干し椎茸は4つ切りにし、戻し汁と砂糖で煮詰める。
6 たけのこは一口大の薄切りにしてだし汁と調味料で煮る。
7 押しずし器にラップまたは竹の皮を敷いて、すし飯を詰める（写真①）。その上にブリ、椎茸、たけのこをのせ、すき間にかんぴょうを敷き詰め、湯葉と木の芽を飾り（写真②）、ラップを当てて手で押さえる。
8 蓋をして4kgほどの重しをして1時間〜一晩おく（写真③）。箱から抜いて（写真④）取り出し、5×5cmほどの四角に切る。好みでしょうがの甘酢漬けを添える。

写真では木箱を使って2升のすし飯と具を4段に重ねてつくっています

撮影／長野陽一

鯖ずし〈京都府〉

京都では、北部の海沿いの地域を除き、生の魚はなかなか入手できませんでした。福井県の若狭から京都まで続く「鯖街道」を通ってやってくる一塩《ひとしお》ものの新鮮な鯖が手に入るのはうれしいことで、一塩鯖を酢でしめた鯖ずしがハレの日には各地でつくられました。

毎年春祭り、秋祭りにはたくさんつくり、親戚やご近所にも配りますが、それぞれの家によって味が少しずつ違い、それを確かめ合うのも大きな楽しみでした。秋祭りの日には運動会もあり、弁当にも鯖ずしを詰めて行きます。たくさんつくるので2、3日続いて食卓に上がることもありましたが、ふだんは食べられないごちそうなのでうれしかったそうです。

お茶の産地として有名な南部の山城地域では、鯖の血合いをお茶で洗って臭みをとることもあります。竹林が身近にあるので、すしを包む竹の皮も豊富です。竹の皮は殺菌力があるので保存性が高くなり、乾燥しにくいのに蒸れにくいと、いいことずくめです。

協力＝奥田智代、綴喜地方生活研究グループ連絡協議会　著作委員＝坂本裕子

＜材料＞ 2本分

【すし飯】
米…4合
水…4カップ弱（780mℓ）
合わせ酢
- 酢…1/2カップ弱（80mℓ）
- 砂糖…50g
- 塩…小さじ2

塩サバ（一塩もの）…1尾（約600g）
酢…1/3カップ＋2/3カップ
酢水（またはお茶）…適量

竹の皮2枚（なければラップ）、押し箱、重し

＜つくり方＞

1 すし飯をつくる。
2 竹の皮は水につけてやわらかくし、酢少々（分量外）でふいておく。
3 塩サバ（写真①）は三枚におろし酢1/3カップにつけ、冷蔵庫で20〜30分おく。腹骨をすき取り、小骨を抜く。酢水で洗って（つけていた酢を使う。あるいはお茶で洗うこともある）血合いをきれいに除く（写真②）。
4 サバがかぶるくらいの酢2/3カップにつけ、冷蔵庫で1〜3時間おく（途中で裏返す）。頭の方から薄皮をゆっくり引いてむく（写真③）。
5 サバの厚みを均一にするために身の厚いところをこそげ取り、尾の方にそいだ身を補って並べ長方形に形を整える（写真④）。
6 押し箱を酢（分量外）で湿らせ、サバを皮を下にして敷く（写真⑤）。その上にすし飯の半量を詰めて形を整え、箱から抜く。
7 竹の皮にきっちり包んで4カ所ほどひもでくくり、ポリ袋に入れて約3kgの重しをして数時間、涼しい場所におく（写真⑥）。翌日には味がなじんでおいしくなる。
8 食べる前に、適当な幅に切る。

◎生サバの場合は、サバの両面にまんべんなく塩を振り、冷蔵庫で6〜7時間おいてから酢につける。

◎押し箱がないときは、巻きすの上にかたく絞った布巾（ラップ）を広げ、皮を下にしてサバをおき、サバの幅より少し細めの棒状にまとめたすし飯半量を上にのせ、布巾ごと巻きすで巻いてしめ、形を整える。

①

②

③

④

⑤

⑥

撮影／高木あつ子

〈京都府〉

鱧《はも》ずし

京都の夏のごちそうとして外せないすしです。祇園祭にはあちこちでつくられ、ふるまわれます。鱧はうなぎや穴子よりも脂が少なく、すしにするとあっさりとした味わいに仕上がります。そんな鱧ずしのほうが「品がありまっしゃろ」と京都人には好まれます。

京都市内は海から遠く、新鮮な魚は入手困難でしたが、鱧は生命力が強く、夏にも生きたまま運んでくることができました。かたい小骨が多いため、海沿いでは好まれなかった鱧を骨切りという技術を生み出し、ごちそうに仕立てあげたのです。旬は産卵期前の7、8月頃で、体が「つ」の字を描くように曲がる70㎝程度のものが味がよいとされています。また脂肪をためる11、12月頃もおいしく、すき焼きのように「鱧すき」にします。

今では骨切りした鱧は手軽に買えます。ここでは家庭料理として焼き鱧の身をたたく方法を紹介しましたが、身の厚い立派な鱧なら焼き鱧のまま たれを塗り、押しずしにしてもいいでしょう。

協力＝田中慶子、山田熙子
著作委員＝米田泰子

撮影／高木あつ子

＜材料＞ 4人分（3本分）

【すし飯】
米…3合
水…3合（540mℓ）
昆布…10㎝角
合わせ酢
- 砂糖…大さじ3
- 酢…1/2カップ弱（90mℓ）
- 塩…小さじ1

焼きハモ…400g
たれ
- だし汁…1/2カップ
- 濃口、うす口醤油…各大さじ1
- 砂糖、みりん…各大さじ1
- かたくり粉…大さじ1
- 水…大さじ1

押しずしの型

＜つくり方＞

1 焼きハモは包丁でたたいてつぶしておく。
2 たれはだし汁、調味料を火にかけ、水溶き片栗粉でとろみをつけ、冷ます。
3 すし飯をつくる。
4 押しずしの型にラップを敷き、すし飯の1/3量を入れ、軽く押して、つぶしたハモを1/3量平らにのせ、ラップをし、しっかりと押す。同様に3本つくる。1時間は寝かせて落ち着かせる。
5 型から出してたれを塗り、1本を8等分にする。

〈大阪府〉

バッテラ

「バッテラ」はポルトガル語でボートや小舟のこと。起源は諸説ありますが、明治20年代に大阪で生まれました。きずし（しめ鯖）に白板昆布が加わった、うま味の深いすしです。白板昆布は酢漬けの昆布を薄く削ったおぼろ昆布の最後にできるもので、関西では正月の鏡餅の飾り昆布としても使われます。大阪は〝天下の台所〟として江戸時代から昆布の一大集積地で、昆布加工業も発達したのです。

昭和30〜40年代、大阪市南部の天下茶屋付近には、すし屋はうどん屋と同じくらいありました。すしは食べに行くよりも、とって食べるもので、「今日はおすしとろか」という声があがると出前を頼みます。盛り合わせには必ずバッテラが入りました。持ち帰りずしの定番でもあり、家できずしをつくりバッテラにすることもありました。

大阪ずしといわれる箱ずしは穴子や鯛、エビなど手をかけた食材を美しくつめて押した高級品、バッテラは鯖の半身で1本でき、買ってもつくっても手頃で大阪の庶民のすしとして親しまれています。

協力＝古谷泰啓・惇子　著作委員＝東根裕子

撮影／高木あつ子

＜材料＞ 21×7.2×3.3cmの1合分の押しずし型3本分（4人分）

【すし飯】
米…3合
水…3カップ（600mℓ）
昆布…10cm角
合わせ酢
- 酢…大さじ4弱
- 砂糖…大さじ5
- 塩…大さじ1/2強

きずし（しめサバ）…3枚（300g）
白板昆布…6g
酢…大さじ1
甘酢しょうが…8g

すし型

＜つくり方＞

1 すし飯をつくる。
2 きずしは薄皮を頭の方からひき、中骨を抜いて身の厚い部分をそぎ、身の厚さをほぼ均等にする。
3 すし型の底板にきずしを1枚、皮を下にして入れる。空いた部分にはそいだ身をおく。
4 すし飯1/3量を詰めて上板をおき、その上から体重をかけて両手で押す。形が整えば、型から抜いて酢で湿らせた白板昆布をおき、切り分ける。甘酢しょうがを添える。

◎白板昆布に厚みがある場合は、三杯酢や甘酢、酢でさっと煮てから使う。
◎白板昆布をおいた後、ラップなどで包んで1時間ほどねかせると全体がなじむ。

〈大阪府〉

生ぶしの押しずし

生《なま》ぶし（なまり節）はカツオを蒸すかゆでるかした後、半乾燥させたもの。その生ぶしのそぼろでつくった押しずしは、奈良県と接する河内や、北東部の三島で親しまれてきたハレの日の料理です。祭りや祝いごとなど、きっしょきっしょ（おりおり）につくりました。とくに春、農繁期に入る前に農作業を休んでくつろぐ行事「春ごと」の時期は生ぶしの出盛りでもあるので、この押しずしが楽しみでした。甘辛く煮つけられた生ぶしのそぼろが、すし飯とよく合います。

内陸部にあたる河内では、かつては鮮魚がなかなか手に入らず、比較的日持ちのする生ぶしは入手しやすい便利な食材でした。春になると生ぶしと豆腐、ふき、たけのこの煮つけが普段のおかずによく出てきました。煮物にした生ぶしは、パサパサして子どもの頃は苦手だったそうですが、今では骨がないので食べやすく、懐かしい味というお年寄りもいます。

協力＝森川雅恵、森川千代子、山本善信、吉村育子　著作委員＝澤田参子

撮影／高木あつ子

＜材料＞4人分

【すし飯】
米…2カップ
水…2.2カップ（440mℓ）
合わせ酢
- 酢…大さじ3
- 砂糖…大さじ1
- 塩…小さじ1

【具】
生ぶし…200g
- 砂糖、酒、みりん…各大さじ1
- 醤油…大さじ2
- しょうが…20g
- 水…大さじ2〜3

紅しょうが…適量

押し型（21×7×5cm）

＜つくり方＞

1. すし飯をつくる。
2. 生ぶしは、骨、皮を除き粗くほぐす。しょうがはみじん切りにする。
3. 鍋に調味料、しょうが、水を入れ、ひと煮立ちさせてから生ぶしを入れる。ほぐしながら焦がさないようにゆっくり煮て、ふんわりするくらいに煮詰める。
4. 押し型にすし飯を型枠の深さ1/2〜2/3くらいまで詰め、その上に3のそぼろをのせ、押し蓋でしっかり押す。重しはせず、少し時間をおいてから型から出して食べやすい大きさに切り分ける。紅しょうがを添える。

◎そぼろは煮汁が多いと型押ししたときに煮汁がしみ出て、すし飯に色がつく。煮詰めすぎるとボソボソになり、すし飯となじまないのでふんわりと仕上げる。

〈兵庫県〉

こけらずし

淡路島北部の西浦（西側）にある漁村部でつくられてきたすしです。上にのせたおぼろ（そぼろ）の材料はベラで、海水浴でも見かける地元ではなじみの魚。ベラの焼き干しを細かく刻んで味つけしたのが、もともとのそぼろのつくり方でした。干してかたくなった魚をみじん切りにするのは大変で、手のかかったごちそうです。みじん切りにすることを「こる」といい、それが「こけら」になったといわれます。

ベラは盆過ぎに脂がのっておいしくなります。この時期、とれすぎたり売り物にならない小さなベラは炭火で焼いて軒先につるし、乾燥して保存しました。ベラ以外にも、トラハゼも焼き干しにされ、祭りや正月になるとこけらずしに使われました。

今は焼き干しの方が入手しにくいので、ここでは生のベラからおぼろにするレシピを紹介しました。よく干したベラは骨も簡単に刻むことができておぼろにしたのですが、生だとかたいままなので、骨は除いてからおぼろにします。

協力＝奥野幸子、平田喜代子
著作委員＝田中紀子

撮影／高木あつ子

<材料> 16×8×4cmの1合分の押しずし型3本分（4人分）

【すし飯】
米…3合
水…3カップ（600mℓ）
昆布…10cm角
合わせ酢
- 酢…大さじ5
- 砂糖…70g
- 塩…小さじ1

【具】
- ベラ…2尾（正味150g）
- 砂糖…大さじ1弱（7.5g）
- 醤油…大さじ1と1/2
- みりん…大さじ1
- 酒…小さじ1/2
- しょうが汁…少々

押しずし型

<つくり方>

1. すし飯をつくる。
2. ベラは内臓をとり、ウロコはとらずに焼く（ウロコがあったほうが皮をはずしやすい）。
3. ベラの皮をはがし、身をほぐして弱火で空炒りする。水分がとんでパラパラしたら調味料を加えて弱火で煮詰め、おぼろにする。
4. すし型にすし飯1/3量を入れ、その上におぼろの1/3量をおき、上板で押さえる。
5. 10分ほどおいたら型から抜き、酢などで包丁を湿らせながら引いて切る。

◎2で焼いたベラは皮と身だけはずして冷凍保存しておくとよい。皮は少し入れるとおぼろが香ばしくなる。

〈和歌山県〉

こけらずし

紀伊水道でたくさんとれる鯛をそぼろや酢じめにし、錦糸卵や椎茸を散りばめた、色合いも美しい押しずしです。紀伊半島北西部、和歌山市周辺の正月や祭りの行事食で、鯛の白色、えびの赤色、錦糸卵の黄色、椎茸の茶色が大皿に映え、ハレの日にぴったりのすしです。こけらとは杉や桧を薄く割った板のことで、昔は屋根をふく材料でした。鯛のそぼろや酢じめを、この板のようにすし飯の上に並べて押します。

専用のすし桶と重し、棹秤《さおばかり》の分銅1貫（3・75kg）とともに、祖母から母、母から娘へとつくり方が代々受け継がれている家もあります。道具は昔のままですが、素材は今風にツナでそぼろをつくることもあるそうです。

仕切りの葉はハランのほかに、夏祭りの頃は芭蕉《ばしょう》、正月は高菜を使います。那智勝浦町の浦神地域では四季を通じて野イチゴの葉が使われます。すしは薄いので食べやすく、蒸したりして温めてもほっこりとしておいしくいただけます。

協力＝土橋ひさ
著作委員＝川島明子

＜材料＞ 20.5×20×5cmのすし桶1つ分

【すし飯】

米…4合

水…3.3カップ（660mℓ）

合わせ酢

- 酢…1/2カップ
- 砂糖…70g
- 塩…小さじ1と1/3

【具】

タイのそぼろ

- タイ…1尾（800g・正味350g）
- みりん…大さじ3
- 砂糖…80g
- 酒…大さじ1
- うす口醤油…大さじ2
- 塩…小さじ1

錦糸卵

- 卵…1個
- 砂糖…小さじ1/3
- 塩…少々

椎茸の含め煮

- 干し椎茸…2枚
- だし汁（椎茸の戻し汁＋かつお節と昆布）…1/2カップ
- 砂糖…大さじ2
- みりん、醤油…各大さじ1

しょうがの梅酢漬け（または甘酢漬け）…適量

ハラン6枚、すし桶、重し

＜つくり方＞

1 すし飯をつくる。
2 タイのそぼろをつくる。タイはウロコと内臓をとり、素焼きし、皮と骨をとって身をほぐす。包丁で切りたたいて細かくし、鍋に入れて調味料を加えパラパラになるまで中火で空炒りする。
3 錦糸卵をつくる。
4 干し椎茸は戻してだし汁と調味料で煮て薄切りにする。
5 すし枠の内回りを酢（分量外）で湿らせ、底の大きさに切ったハランを敷く。
6 すし飯の半分を2cm厚さに詰めて軽く押さえ、そぼろを敷き、錦糸卵と椎茸を美しく散らし、1段目とする。
7 その上にハランを敷き詰めて軽く押し、1段目と同様にすし飯の残りと具を順に重ね2段にする。
8 ハランを全面に敷き、押し蓋をして3〜4kgの重しをのせて強く押す（写真①）。数時間おくと味がなじむ。一晩おくと切りやすくなり、さらに味がなじむ。
9 型からはずす（写真②）。ハランをつけたまま2段一緒に大きく4つに切り（写真③）、さらにそれぞれを4つに切り、16に切り分ける。1個ずつハランを敷いたまま盛る。

◎1段目と2段目は違う具にしてもよく、タイの酢じめと錦糸卵と椎茸、エビの空炒りと椎茸でもおいしい。タイの酢じめは刺身用のタイ200gに塩をふり、甘酢（合わせ酢と同じ）につけ、5mm幅にそぎ切りにする。エビの空炒りは、エビ8尾（約200g）の皮と背わたを取りぶつ切りにし、酒大さじ1と塩少々で炒りつける。

◎ツナそぼろのつくり方：ツナ缶（140g）を砂糖60g、みりん大さじ2、醤油大さじ2、酒大さじ2、塩小さじ1/2で炒りつける。

ハランをはずした切る前の状態。実際には具が崩れないよう、ハランをのせたまま切る

上からエビの空炒りと椎茸、2段目手前がタイのそぼろと卵と椎茸、左奥がタイの酢じめと卵と椎茸

撮影／高木あつ子

〈広島県〉

一合ずし

1個のすしに約1合分のすし飯を使う一合ずしは、田植えや稲の収穫を祝う秋祭りなどに、県中北部で広くつくられてきました。芸北地域では、花見や正月には巻きずしをつくりますが、秋祭りは一合ずし。田んぼが少ない山間部では、白米の大きなすしは特別なごちそうでした。今も祭りなどにつくられますが、食べきれないのでやや小さめになっています。

具は、地域によって少しずつ違います。安芸高田《あきたかた》では煮豆(うずら豆)を1～2個入れ、「まめにすごす、まめに育つように」との思いを込めます。安芸太田《あきおおた》では島根県の益田から届く万作《まんさく》(シイラ)や鰆《さわら》、あじ、鯖などの酢じめ。かまぼこや穴子をのせる地域もあります。

秋祭りには神楽がつきものです。昔は大きな塗りの箱に入れた一合ずしをつまみに、酒を飲みながら見物して楽しみました。秋頃は日持ちがするので3～4日は食べられますが、かたくなったら囲炉裏や七輪で焼くと、香ばしくてまた格別においしかったそうです。

協力＝原田寿美子、深井ヤスコ、内藤真知子
著作委員＝小長谷紀子

撮影／高木あつ子

＜材料＞ 7.5×7.5×5cmの一合ずし型12～13個分

【すし飯】
米…1升
水…8カップ強(1650mℓ)
昆布…10cm角
合わせ酢
- 酢…1.3カップ(260mℓ)
- 砂糖…200g
- 塩…大さじ1と1/2弱(25g)

【具】
- 干し椎茸…大7～8枚
- 椎茸の戻し汁…適量
- 砂糖、醤油、みりん…各大さじ2

- かんぴょう…30g
- 椎茸の戻し汁…適量
- 砂糖、みりん…各大さじ6
- 醤油…大さじ4
- 酒…大さじ2

- ごぼう…1本
- 椎茸の戻し汁…適量
- 砂糖、醤油、みりん…各大さじ2
- 酒…大さじ1

薄焼き卵
- 卵…3個
- 砂糖…小さじ1
- 塩…少々、油…適量

でんぶ、緑の葉(木の芽、にんじんの葉、せりの芽など)…適量

すし箱

＜つくり方＞

1 合わせ酢を温めて砂糖を溶かし、すし飯をつくる。

2 戻した椎茸とひたひたの戻し汁を沸騰させ、アクをとる。調味料を加えて再び沸騰させ、弱火で1時間煮る。味をみて、醤油が強ければ砂糖、みりんを各大さじ1(分量外)加える。

3 かんぴょうを戻し、塩もみしてゆがき、ひたひたの戻し汁と調味料で煮る。

4 ごぼうを細長く切り下ゆでし、ひたひたの戻し汁と調味料で煮る。

5 2～4を細かく刻む。椎茸は、飾り用に薄切りを取り分けておく。

6 薄焼き卵をつくり、三角形に切る。

7 すし飯を12～13等分し茶碗などに入れる。酢水(分量外)で湿らせたすし型に1つ分のすし飯の半量を入れ、5を入れ、上にすし飯の残りをのせる。卵、椎茸、でんぶ、緑の葉をのせて押し出す。

◎具はにんじんやたけのこを使うこともあり、飾る具も季節や地域で違う。

〈山口県〉

ゆうれいずし

　初めて見た人は「ご飯だけのすし？」とびっくりするかもしれません。具が入らない真っ白いすしが白装束のようで、転じて「ゆうれいずし」となったと伝えられています。

　県南西部、山陽道の宿場町として栄えた船木（宇部市）から山あいに入った吉部《きべ》地区は、昔から米どころとして有名で、もとは本当にすし飯だけのすしがつくられていたそうです。それだけ、米の味が自慢だったのです。ゆうれいずしはハレの日というよりは日常のご飯で、夏場でもすし飯は傷みにくいので、よくつくられていたといいます。庭でとれるゆずをしぼった合わせ酢を使うと、香り豊かでとてもおいしかったそうです。

　祭り、盆、正月などのハレの日には、ごちそうとして塩鯖の酢漬けをのせたすしがつくられました。近年は中にいろいろな具を混ぜたごちそうの「ゆうれいずし」も商品化されています。ここではご飯のおいしさを引き立てる程度にエソのすりみを加えた、見た目は本来のゆうれいずしそのもののレシピを紹介しました。

協力＝井上清美代　著作委員＝櫻井菜穂子

撮影／高木あつ子

<材料> 4人分（15×15×4.5cmの押し型1つ分）

米…3合
水…3カップ弱（580mℓ）
昆布…3cm角
- エソミンチ…100g
- 砂糖…少々
- 酒…大さじ1

合わせ酢
- 酢…大さじ4
- 砂糖…大さじ5
- 塩…小さじ1と1/2

きゅうり（飾り用）…適量

ハラン、押し型

<つくり方>

1. 昆布を入れてご飯を炊く。
2. 鍋にエソミンチと砂糖、酒を入れて火をつけ、菜箸で混ぜながら中火で炒りつけ、エソがそぼろ状になったら火を止める。
3. 合わせ酢に**2**を加える。
4. **1**のご飯に**3**を混ぜる。
5. 押し型に**4**を半量入れて押さえる。
6. 間にハランをはさみ、**4**の残りを重ねて平らになるよう押し蓋で押す。
7. 型から出し、4つに切り分ける。季節に合わせて、柳の葉の形に切ったきゅうりを飾る。ほかに山椒の葉、青じそ等でもよい。

〈山口県〉

岩国ずし

広島との県境になる県東部の岩国で祝いごとには欠かせないこのすしは、見た目が華やかで別名「殿様ずし」ともいわれています。祭りや誕生日など、さまざまなハレの日に家々でつくられました。1人前に2段を重ねて盛りつけるのは、おめでたいときに重なっているものは縁起が良い（重ね重ね）から。食べるときは1段ずつはがします。

岩国の冠婚葬祭にはれんこんを飾ったこの岩国ずしと大平（れんこんなどの野菜や鶏肉がたっぷり入った汁けの多い煮もの）、ハスの三杯（れんこんの三杯酢）の3種類があればよいとされます。れんこんは特産物というだけでなく、領主であった吉川家の家紋に似ていることもありとても大切にされているのです。

大きな木枠で一度に数十人分をつくることもあり、5段重ねて漬けたり（つくったり）もします。5段というのは地域の誇りである錦帯橋（アーチ構造が特徴的な木造橋）が5連になっているのと数を合わせたのだそうです。

協力＝今北香代子、嘉屋栄子、清水久子、木谷柚子　著作委員＝園田純子

＜材料＞ 4人分（15×15×7.5cmの木枠1つ分）

【すし飯】
米…3合
水…3合（540mℓ）
昆布…5cm角2枚（5g）
酒…小さじ2
合わせ酢
- 酢…大さじ4
- 砂糖…60g
- 塩…小さじ2弱（10g）

【具】
- れんこん…小1節（100g）
- 酒…大さじ1
- 酢…大さじ2
- 砂糖…大さじ1と1/2
- 塩…　小さじ1/5

- 干し椎茸…20g
- 砂糖、醤油、酒…各大さじ1
- みりん、酢…各小さじ1

- 卵…大1個
- 砂糖…小さじ1/4
- 塩…少々
- 油…適量

春菊（葉のみ）…20g
でんぶ（そぼろ）…20g

乾燥ハスの葉（なければ芭蕉の葉）
小1枚、木枠、重し

＜つくり方＞

1 米は昆布、酒を加えて炊く。合わせ酢は沸騰しない程度の火加減で溶かし、すし飯をつくる。
2 れんこんは皮をむいてゆでる。薄い輪切りにして調味料で下味をつける。
3 干し椎茸は戻して細く切る。酢以外の調味料で甘辛く煮つけ、最後に酢を加えて水分をしっかり飛ばす。
4 卵と調味料を合わせ、錦糸卵をつくる。
5 春菊は洗って水けを取り、細切りにする。
6 すし飯と具を段数に応じて等分にする（ここでは2等分）。
7 木枠を酢（分量外）で湿らせ、水で戻したハスの葉を木枠の大きさに切り、表側を上にして敷く。
8 1段目のすし飯をのせ、表面を平らにしてから具を散らす（れんこん、椎茸、錦糸卵、春菊、でんぶの順）。最後に切り分ける際の目安にれんこんを4枚のせる。
9 仕切りの葉を表側を上にしておき（写真①）、2段目のすし飯、具を同様にのせる（写真②、③）。何段にもするときは、これを繰り返す。
10 最後に仕切りの葉を、裏を上にしておき（写真④）、蓋をして2〜3kgの重しをして約20分押す。
11 木枠を外し（写真⑤）、ハスの葉ごと4等分にする。上のハスの葉をとり2段を1人分として器にのせる。大皿盛りにしてもよい。

乾燥ハスの葉

撮影／高木あつ子

〈香川県〉

石切《いしきり》ずし

瀬戸内海に浮かぶ小豆島は、香川県内で一番大きな島です。この島に伝わるのが、大きな型を使ってつくる石切ずしです。県内各地に押しずしはありますが、これだけ大きな型を使い、重しに「石」を使うのはこのすしだけです。

小豆島は古くから石の産地で、大阪城を築城する際、城の土台をつくるために良質な石が必要となり、島の北部から多くの巨石が切り出され、瀬戸内海を渡って大阪まで運ばれたのです。そのときに石切丁場で働く石工たちにふるまったのがこのすしで、「石切ずし」の始まりとされています。石でしっかり押しているのですし飯もしまっており、手でそのままつまめるので、石工たちも食べやすかったのです。

以来、島の北部の地域では祭りや法事などのハレ食になっています。具は島の近海でとれる季節の魚を使いますが、エビと穴子は欠かせません。煮穴子や卵がしっかりした味で、すし飯の甘さとよく合います。

協力者＝木下菅子、余島智子
著作委員＝加藤みゆき

＜材料＞すし型5段分（100個分）

【すし飯】
米…3升3合
水…3升5合（630mℓ）
合わせ酢
- 酢…3と1/4カップ
- 砂糖…800g
- 塩…140g

【具】
- 干し椎茸…大きめ10個
- だし汁…1と1/2カップ
- 醤油、酒、みりん…各大さじ2
- 砂糖…大さじ3

魚の酢じめ
- 生食用サバ…1尾
- 塩…約150g
- 酢…適量

薄焼き卵
- 卵…5個
- 油…適量

煮アナゴ
- アナゴ…5〜10尾
- 醤油…3/4カップ
- 砂糖…120g
- 酒…1/2カップ
- みりん…2/3カップ弱（120mℓ）

クロバカマ（クマエビ）…10尾
塩…少々
かまぼこ…1本（100g）
紅しょうが…適量

すし型、重し（石）

◎飾る具は季節で異なる。酢じめ魚は春はサワラ、秋のサバ、コノシロなど。卵とアナゴのみ、またそら豆を飾ることもある。

＜つくり方＞

1 すし飯をつくる。
2 戻した干し椎茸は、戻し汁（分量外）でやわらかくなるまで煮る。だし汁、調味料を加えて煮しめ、半分に切る。
3 魚の酢じめをつくる。
1）サバを三枚におろし、片身につきひとにぎり（70〜80g）の塩をふり1〜2時間おく。
2）塩を洗い落とし、バットに並べ、浸るまで酢を入れて一晩おく。
3）そぎ切りにし、スプーン2杯の砂糖（分量外）をふり、酢じめで使った酢を砂糖が溶けるぐらいかけ、ラップをして冷蔵庫に入れる（すしに飾る2〜3時間前）。
4 薄焼き卵をつくり、半分は錦糸卵に、半分は4×2cm角に切る。
5 煮アナゴをつくる。アナゴを裂き、鍋に調味料を入れて煮る。バーナーで焙って焼き色をつけ、半分は長さ5cmに切り、半分は細かく切る。
6 クロバカマは竹串を刺し、塩を入れた沸騰湯で2〜3分ゆでる。殻をむいて縦半分に切り、長さ5cmに切る。
7 かまぼこは一度蒸す。包丁の先を斜めに入れ、細かく動かしながら飾り切りにする。
8 すし飯を2.5kgずつ５つに分ける。酢（分量外）をなじませた木型にすし飯を詰める。蓋できっちり上を平らにして、縦4個、横5個になるようにヘラで印をつけておく。
9 すし1個につき椎茸、クロバカマを1つずつ並べ、上に木型の大きさに切ったオーブンシート、中板を順におく。
10 8〜9を繰り返す。かまぼこと酢じめ魚（酢はふかない）、薄焼き卵とアナゴ、錦糸卵と細かく切ったアナゴを1段ずつ、最後5段目は残った具をのせる。蓋をして7kgほどの重しの石をおき、4〜5時間おく（写真①）。
11 石をはずし、木枠をはずす（写真②）。1段ずつにして（写真③）まな板にのせ、印に沿って切り分ける（写真④）。紅しょうがなどを添えて盛り付ける。

①

②

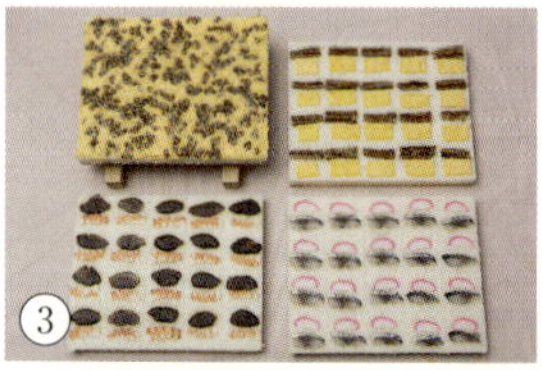
③

④

撮影／高木あつ子

〈香川県〉

鰆《さわら》の押し抜きずし

このすしは鰆の鮮度の良さが命です。鰆、そら豆の緑、卵焼きと見た目も春らしく、木の芽がさわやかな香りを添えます。中に違う味の具が入っているので、食感や味の違いも楽しめます。基本は四角形でしたが、近年は扇子型が多くなっています。県内のほかのすし、カンカンずしや石切ずしよりすし飯の押し方が弱めなのも特徴です。

鰆は4月から5月、産卵のために太平洋から瀬戸内海に押しよせる、春を告げる魚です。鰆がとれる頃は麦の収穫と田植えの準備の合い間で、嫁は里帰りする風習がありました。その際、鰆を1本持たせると、嫁の実家ではこのすしをつくり、その日のうちに嫁ぎ先へ土産として持たせたのです。

今、80代の方は子どもの頃、このすしをつくると聞くと2〜3日前からソワソワして待ち遠しかったと話してくれます。重箱に詰めて近所へ配り、またお返しされることが常であったように押しずしづくりは年中行事の一つでした。

協力＝近石敬子　著作委員＝川染節江

撮影／高木あつ子

＜材料＞ 12個分

【すし飯】
米…5合
水…5カップ弱（975mℓ）
合わせ酢
- 酢…1/2カップ
- 砂糖…80g
- 塩…大さじ1弱
- みりん…小さじ1強（6mℓ）

【具】
干し椎茸…5枚
凍り豆腐…1枚
椎茸の戻し汁…2カップ
醤油、みりん…各大さじ2

【上おき具】
- サワラ…300g（25g×12切れ）
- 塩…小さじ1と1/2
- 酢…1/2カップ

薄焼き卵
- 卵…2個
- だし汁、みりん…各小さじ2
- かたくり粉…小さじ1
- 水…小さじ2

そら豆…24粒
木の芽…12枚

紅しょうが…適量

押し抜き型

＜つくり方＞

1 すし飯をつくる。

2 干し椎茸、凍り豆腐は水で戻し、みじん切りにして戻し汁、調味料で煮る。

3 卵を溶き、だし汁、みりん、水溶きかたくり粉を加えて混ぜ、一度こしてから少し厚めの薄焼き卵を焼く。こうすると卵焼きが破れない。型の長さに合わせて長方形12枚分に切る。

4 そら豆は塩ゆでにする。

5 サワラは切り身にし、塩をしてしばらくおいた後、酢を加えて30分ほどつける。表面が白っぽくなればよい。

6 すし飯は12等分する。押し抜き型の下にラップを敷いてすし飯を半量おき、**2**を適量入れ、その上に残りのすし飯を詰め、上おき具を並べ、上から型の蓋で押して型から出す。木の芽をたたいて飾る。

カンカンずし

〈香川県〉

すしを押す際、木枠のくさびを木槌でたたいて打ちこむときのカンカンという音から、この名前がついています。さぬき市、東かがわ市に伝わるすしで、さぬき市鴨部《かべ》地域では、各家でカンカンずしの木枠を持っており、今でも法事などの行事でつくられています。

田植えのとき、田んぼから上がる暇もないほど忙しい夫のために、妻があぜから夫に放り投げて渡したことから「ほったらずし」と呼ぶことがあったようです。投げてもくずれないぐらい、ギュッとかたくしまっているすし飯が特徴です。

昔は、木枠からすしをはずして切るのが難しい作業でした。すしはかたくて大きく、包丁を入れにくいので、酢水で湿らせた木綿糸で切り分けていたそうです。今は専用の長い包丁もあるので簡単になり、ラップを使うことで木枠からもはずしやすくなりました。木枠にはかたくて無臭の「せんだのき(センダン)」が使われていましたが、ラップを使うようになって木の匂いがすしにつかなくなったので、今は杉や桧も使われています。

協力＝秋友清子　著作委員＝加藤みゆき

撮影／高木あつ子

<材料> 24×26.5×10cmの木枠1個分(21個分)

【すし飯】
米…1升
水…1升1合(1980mℓ)
合わせ酢
- 酢…1合(180mℓ)
- 砂糖…200g
- 塩…30g
- みりん…1/4カップ

サワラの切り身…700g(1枠に21切れ)
塩…大さじ1強(魚の3%重量)
酢…3/4カップ弱(魚の20%重量)
紅しょうが…適量

木枠

<つくり方>

1 サワラは刺身程度の大きさに切り、塩をして20分おく。水洗いして水けをしっかりきり、酢に1時間ほどつけこむ。

2 すし飯をつくる。合わせ酢は酢、砂糖、塩を混ぜて煮立てたものにみりんを加える。

3 木枠にラップを敷き、すし飯を詰める。後で切りやすいように横7列、縦3列にサワラをのせる。

4 すし飯が均一になるように上から板をおき(まな板でも可)、体重をかけてすし飯を平らにする。

5 蓋をして木枠にくさびを打ちこみ(写真①)、一晩寝かせる。その際3時間おきにくさびを木槌で打ちこみ、徐々に圧縮させる。一度に圧をかけたり、押し過ぎたりするとご飯粒がつぶれ、魚が変形するので注意。

6 21個に切り分け、紅しょうがをつけあわせにする。

◎魚はアジやサゴシ(サワラの小型)、コノシロなども使う。

〈佐賀県〉

須《す》古《こ》ずし

もろぶたに詰めて切り分けたすし飯を田畑とあぜ道に見立て、そこに四季折々の旬の産物をのせたすしです。有明海に面する白石町の須古地区で祭りや祝いのときにつくる箱ずしとして、家ごとの味が伝えられています。もろぶたやすし切り（切り分けるヘラ）は嫁入り道具として特注することもあり、嫁ぎ先では漆を塗ったり、屋号を入れてくれたりしたそうです。現代では、流し型とフライ返しでつくってもいいでしょう。ただし、具は必ず一つずつ手で盛り、感謝やもてなしの気持ちを込めます。

錦糸卵で具を覆うので、その下から何が出てくるかはお楽しみ。おかわりしたら、具材を混ぜていろいろな味を一口で食べてもおいしいです。

すし飯にもち米が入るので、まとまりがよく切り分けやすくなっています。味つけはかなり甘めです。長崎から全国に砂糖を運ぶシュガーロード（長崎街道）が佐賀を通るため、砂糖をたっぷり使った須古ずしのような料理が定着したといわれています。

協力＝猪ノ口操　著作委員＝成清ヨシヱ

撮影／戸倉江里

＜材料＞ 30×60cmのもろぶた1箱分（18切れ分）

【すし飯】
うるち米…5合
もち米…0.5合
水…5.5カップ（1100mℓ）
昆布…5〜10cm
塩…少々
合わせ酢
- 酢…1/2カップ
- 砂糖…120g
- 塩…少々

【具】
板付きかまぼこ（赤）…1本（100g）
奈良漬け…10cm（60g）
わさび菜…1枚（10g）
紅しょうが…20g
- 干し椎茸…中3〜4枚
- にんじん、ごぼう…各1/2本
- 椎茸の戻し汁…1カップ
- 砂糖、醤油、みりん…各大さじ2

- ムツゴロウの素焼き…9匹（90g）
- 砂糖、醤油…各大さじ1
- 酒…小さじ1

錦糸卵
- 卵…2〜3個
- 砂糖…小さじ1〜2
- 塩…少々

もろぶた、すし切り

＜つくり方＞

1 すし飯をつくる。
2 かまぼこはいちょう切り、奈良漬けは小さめの拍子木切り、わさび菜は小さくちぎる。
3 ごぼうとにんじんはささがき、戻した干し椎茸は6つ切りにする。まず椎茸を戻し汁と調味料で煮て取り出し、残った煮汁でごぼうとにんじんを一緒に煮る。
4 ムツゴロウは調味料で煮付け、半身に割く。
5 錦糸卵をつくる。
6 合わせ酢（分量外）を薄く塗ったもろぶたに、すし飯を1cm程度の厚さにのばし、10cm角に切れ目を入れる。
7 それぞれのすし飯に具を盛る。例えば、次のようにする。
1) ムツゴロウと椎茸をおき、その上にごぼう、にんじんをひとつまみ盛る。周囲に奈良漬けとかまぼこをおく。
2) 錦糸卵で具を隠し、紅しょうがとわさび菜を添える。
8 合わせ酢で湿らせたすし切りにのせるようにして取り分ける。

押しずし・箱ずしの道具いろいろ

押しずしは、すし飯を詰めて押すための木製の枠、箱を使います。
「押しずし・箱ずし」に分類されているものに限らず、
姿ずしなどでも、道具を使って押しをかけたりしています。
どんな道具があり、どんな構造になっているかを見てみましょう。

イラスト／鈴木衣津子

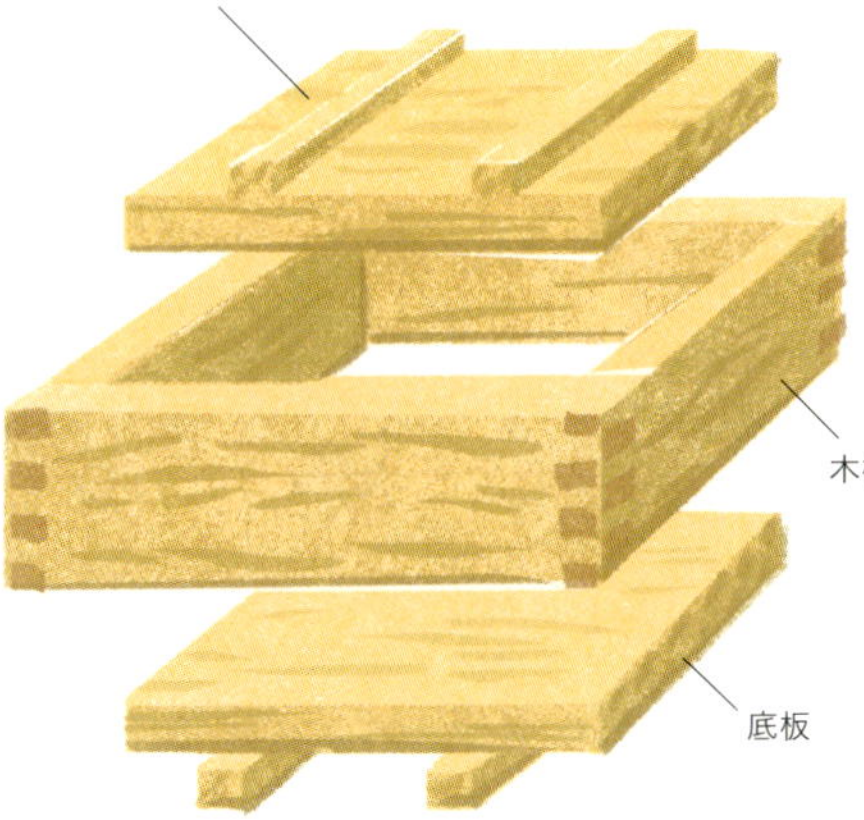

→ p56 笹ずし、p59 葉っぱずし、p62、64 柿の葉ずし、p72 押しずし、p74 押せずし、p80 こけらずし、p82 宇川ずし、p90 こけらずし、p94 岩国ずし、p96 石切ずし、p102 大村ずし

すし箱

（押し枠、押し型、すし型、木枠、すし桶とも呼ぶ）

押し板と底板と木枠で1セット。大きさは地域によってさまざまです。底板をした木枠にすし飯を詰め、具をのせ、押し板をのせて重しをして押しをかけます。しばらく時間をおいてから重し、押し板をはずし、木枠を上にあげると底板の上にすしが現れるのです。

深さのある箱は、途中に仕切りの板、ハランなどをはさみ何段にもする場合もあります。底板がはずれないタイプは木ベラなどですくいます。

〈すし箱バリエーション〉

◎バッテラ型

構造、使い方はすし箱と同じ。全体に小さく、詰めるすし飯も1合分程度です。あまり長い時間重しをすることがなく、手軽に食べる押しずしで使われます。

→ p71 塩引きずし、p84 鯖ずし、p86 鱧ずし、p87 バッテラ、p88 生ぶしの押しずし、p89 こけらずし

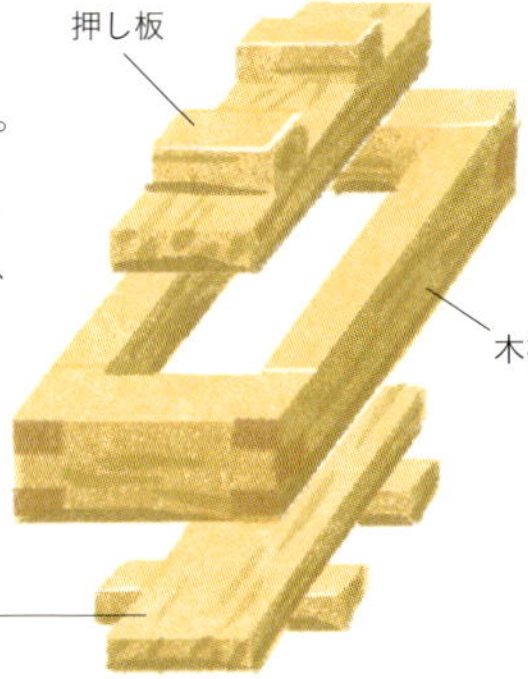

◎くさびやねじで押しをかける

木の架台にすし箱を重ねて、上から板をのせます。架台の横の打ち込み穴にくさびを入れて締めつけることで押しをかけます。穴は段の数だけあいているので、つくる量で段数が変えられます。

→ p76、77、78 箱ずし、p99 カンカンずし

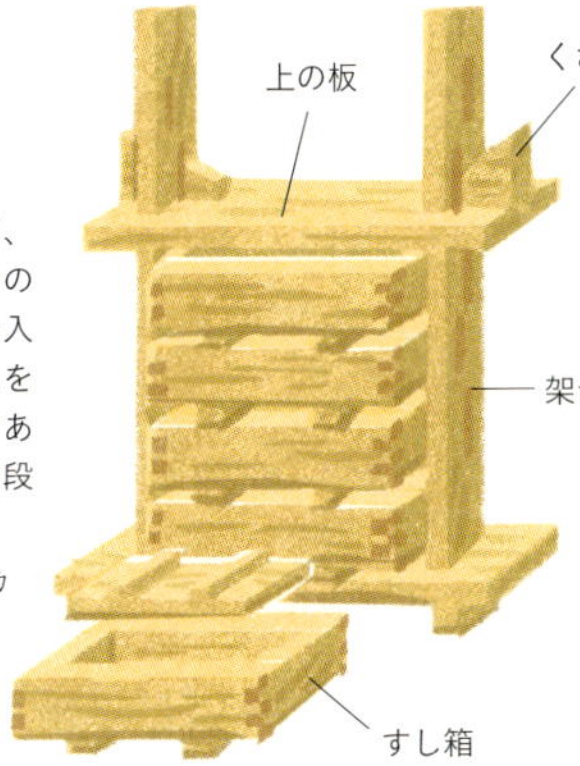

押し抜き型

型にすし飯を詰め、具をのせて上から押し器で押して抜きます。一つずつになっているので切り分ける必要がありません。昔は四角が普通でしたが、扇や梅などの型もあります。

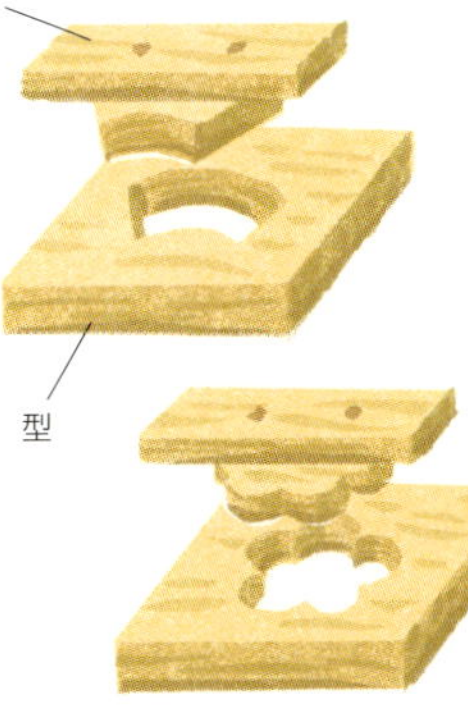

→ p92 一合ずし、p98 鰆の押し抜きずし

もろぶた

（まつぶたとも呼ぶ）

蓋のない長方形の浅い木箱。すし飯を敷き詰めて上に具をのせます。押しはかけず、ヘラなどで食べやすい大きさに切り分けます。麹づくりにも使い、もちを並べたりもします。

→ p18 ばらずし、p100 須古ずし

〈長崎県〉

大村ずし

大村ずしは、すし飯・具・すし飯・具と2段に重ねた角形の押しずしです。旧大村藩だった大村市を中心に、東彼杵《ひがしそのぎ》郡や西海《さいかい》市などに伝わるハレの日の料理で慶事や弔事いずれでも、また何か行事のたびに家庭でつくられてきました。大村氏の領地回復の祝膳が起源とされ、500年以上の歴史があります。近くの山や海でとれた材料を持ち寄り、もろぶたに入れて押しずしにして出したところ、将兵たちが脇差で四角く切って食べたのが始まりといわれています。最近は、専門店で外食として、市販品を家庭で中食として食べることも多くなり、大村市のみならず、県内でもなじみのあるすしの一つになっています。

本来は砂糖をふんだんに使った味の濃いすしで、砂糖が貴重品であった時代の「もてなし」の心をその味が表しているのです。ここで紹介するのはその「いわれ」を壊さず、今の人たちの口に合うよう、合わせ酢の砂糖や塩の量を昔の半分以下にした新しいレシピです。

協力＝藤原ヒロ子（大村ずしを伝え残し隊）
著作委員＝冨永美穂子、久木野睦子

＜材料＞5合ずし型（30切れ分）

【すし飯】
米…4カップ
水…3.7カップ（740mℓ）
酒…大さじ4、昆布…10cm角
合わせ酢
- 酢…1/2カップ
- 砂糖…50g
- 塩…小さじ1弱（5g）

- 白身魚（マダイ、アマダイなど）…200g
- 砂糖…大さじ2強（20g）
- 酒…大さじ1、塩…小さじ1/6

- ごぼう…1本（150g）
- 油…大さじ1
- だし汁…1/4〜1/2カップ
- 砂糖、うす口醤油…各大さじ1

- 干し椎茸…10枚（20g）
- かんぴょう…15g
- 椎茸の戻し汁…3/4カップ
- 砂糖、酒、みりん…各大さじ1と1/2
- 醤油…大さじ2

- はんぺん（紅、緑）*…各1枚（50g）
- グラニュー糖…小さじ1/2
- 酢…小さじ1/2弱（3g）

錦糸卵
- 卵…5個、塩…小さじ1/6
- 酒、グラニュー糖…各大さじ1

- ゆでたけのこ、ゆでふき…各100g
- だし汁…1/2〜3/4カップ
- 砂糖、うす口醤油…各小さじ2

しょうがの甘酢漬け…30g
木の芽…少々
手酢（酢、水…各大さじ4）

5合用のすし型、重し

*紅（ピンク）や緑に着色された「はんぺん」と呼ばれるかまぼこで、ちゃんぽん、皿うどんの彩りにも欠かせない。

＜つくり方＞

1 すし飯をつくる。米のとぎ汁はごぼうのアク抜き用に残す。
2 白身魚をゆでて布巾にとり、水でもむようにほぐしてさっと洗い、厚手鍋に調味料と共に入れ、弱火にかけ箸数本で焦げないようにかき混ぜながらそぼろをつくる。
3 はんぺんはさっと熱湯を通し、小さい角切りにし、グラニュー糖と酢をまぶす。
4 ごぼうはささがきにし、1のとぎ汁でアク抜きし、水けをきって油でさっと炒め、だし汁と調味料を加え、汁けがなくなるまで煮詰める。
5 干し椎茸は戻し、かんぴょうはゆで、小さく刻み、戻し汁と調味料で煮汁がほぼなくなるまで煮る。
6 塩と酒を入れて錦糸卵をつくり、グラニュー糖をまぶす。砂糖を入れて焼くと焦げ色がつくので、焼いた後にまぶしてつやを出す。
7 たけのこ、ふきは細かく刻んで、かぶるくらいのだし汁と調味料で煮て水けを切る。ない場合はごぼうを増やす。
8 すし型の内側を手酢でぬらし、すし飯の1/2量を平らに入れ、その上にごぼうを平らにのせて（写真①）、残りのすし飯を入れる。
9 残りの具を色の濃いものから順に平らにのせ、一番上に錦糸卵をのせる（写真②、③）。
10 すし蓋をかぶせて押し、重しをして30分ほどおく。
11 型に入れたまま切り分けて（写真④）、外枠をはずし（写真⑤）型から取り出す（写真⑥）。
12 器に盛り、しょうが、彩りに木の芽や南天の葉などを添える。

撮影／長野陽一

撮影／長野陽一

酒ずし

〈鹿児島県〉

酢を使わず、「灰持酒《あくもちざけ》」をたっぷり使った酒ずしは、鹿児島の料理の中でも豪華で手間がかかり、すし桶も朱の琉球塗と贅を尽くしています。4〜5時間おいて酒とご飯がなじんだら食べ頃で、灰持酒の生きた酵素の働きで熟成してうま味の増した素材とご飯を、酒の芳醇な香りとともに味わいます。

元は島津の殿様料理で、それが商家に伝わり、商家ではもてなし料理として代々つくられるようになりました。つくるのは春、錦江《きんこう》湾の桜鯛やたけのこ、木の芽など春の素材が出そろった頃です。気温も発酵にちょうどよく、鹿児島市内には杜氏《とうじ》の仕事が終わった頃に、お疲れさまの意味を込め酒ずしをつくる焼酎の蔵元もあります。

酒ずしをつくるときは、同じ食材の切れ端でちらしずしもつくります。これは、酒ずしには酒がたっぷり入っていて、子どもは食べられないからです。一方、とても滋養があるので、お年寄りからは疲れたときに所望され、食べると元気になるそうです。

協力＝福元万喜子　著作委員＝山﨑歌織

＜材料＞ 直径29×高さ10cmの酒ずし桶1つ分（20〜30人分）

【ご飯】
米（古米）…9合
水…9合（1620mℓ）
灰持酒*…大さじ3
塩…小さじ2

A ┌ 灰持酒…7〜8合
　 └ 塩…大さじ1

*濃厚な甘みとうま味がある、みりんにも似た鹿児島の伝統的な酒。木灰を用いて保存性をもたせているので、灰持酒といわれる。

【具】
◆山の幸
┌ 干し大根…40g
│ だし汁（かつお一番だし）…1.5カップ
│ 砂糖…大さじ1
└ 灰持酒、うす口醤油…各大さじ2
┌ 干し椎茸…10枚
│ 椎茸の戻し汁…1カップ
│ 砂糖、灰持酒…各大さじ3
└ 醤油…大さじ2
┌ ゆでたけのこ…400g
│ だし汁…2カップ
│ 灰持酒…大さじ1と1/2
│ 砂糖…小さじ2
└ 塩、うす口醤油…各小さじ1
┌ つわぶき…300g
│ だし汁…1.5カップ
│ 灰持酒…大さじ1と1/2
└ 塩、うす口醤油…各小さじ1

◆練り物
さつま揚げ（棒天）、紅かまぼこ、こが焼き**…各300g
◆海の幸
三枚におろしたタイ…200〜300g
イカ…150〜200g
エビ…10尾

**こが焼き：卵と魚のすり身でつくる甘めのかまぼこ。

【飾り】
┌ 卵…3個
│ 砂糖、灰持酒…各大さじ1
│ 塩…小さじ1
└ 油…適量
三つ葉…2束
木の芽…20枚

ハラン、酒ずし桶、重し

＜つくり方＞

1 灰持酒と塩を加えて、かためにご飯を炊き、広げてよく冷ます。
2 山の幸を煮る。干し大根と干し椎茸は戻し、つわぶきはかためにゆでて皮をむく。それぞれだし汁や戻し汁で煮て、調味料を加えて煮汁がなくなるまで煮含める。干し大根は1〜2cm長さ、椎茸は半分に切ってせん切り、たけのこは歯ざわりが残るよう2mm厚さの短冊切り、つわぶきは1cm長さに切る。
3 練り物を切る。さつま揚げは2〜3mm厚さの小口切り、紅かまぼことこが焼きは1.5cmの短冊に切る。
4 海の幸を切る。タイは皮をはぎ、小さじ1/2（分量外）の塩をして薄くそぎ切り、イカも同様に塩をしてそぎ切り、エビは背ワタを取り塩水でゆで、殻をむいて開き、2〜3つにそぎ切りにする。
5 少し厚めの薄焼き卵をつくり、菱形に切る。
6 三つ葉はゆでて、1cm長さに切る。
7 Aを合わせ、1合分を手水用に残し、1のご飯に混ぜ合わせる。
8 酒ずし桶の底に、清める意味で塩小さじ1/2〜1/3（分量外）をふる（写真①）。ご飯を4等分し、酒も一緒にすくって入れ（写真②）、手水（灰持酒）をつけた手で平らに敷きつめる（写真③）。
9 山の幸をよくしぼり、1種類ずつ重ね（写真④）、手水をつけて平らにする。
10 8と同様にご飯の1/4量を平らに敷き、練り物を1種類ずつ重ねて平らにする（写真⑤）。
11 さらに、ご飯の1/4を平らに敷き、海の幸のタイとイカ、薄焼き卵と三つ葉を重ねる（写真⑥）。魚介類と卵は飾り用に少し取り分けておく。
12 残りのご飯を平らに詰め、薄焼き卵を並べ、タイ、イカ、エビの順にのせ、手水をつけた手で平らにし（写真⑦）、木の芽をのせる。
13 ハランを、葉脈の跡がつかないように葉表を下にして全体にかぶせ（写真⑧）、蓋と重しをのせ4〜5時間おく。重しの重さは、蓋の脇から酒が出るくらい。ご飯が酒を吸うので、だんだん重くして、常に酒が蓋の近くまで上がっている状態にする。
14 4〜5時間なじませ、具がまんべんなく入るよう混ぜて1人分ずつ盛る。

姿ずし

魚の姿が丸ごと見えるすしで、尾頭つきのごちそうです。鯖やさんま、いわしなどの青魚をよく使いますが、背開きもあれば腹開きもあり、同じ魚でも見た目が違います。魚と飯を発酵させる「なれずし」タイプも、主にご飯を食べるすしは、ここで取りあげています。

撮影／長野陽一

＜材料＞ 10本分

- 米…4kg
- 水…5ℓ

塩…80g
実山椒(生)…好みで1カップ
塩サバ(一塩のもの)*…10尾
酢…500mℓ

竹の皮大3枚、20ℓの桶、20ℓの漬物用のポリ袋、重し

*軽く塩をした新鮮なサバ。一塩は軽く塩をふりかけること。

＜つくり方＞

1 ご飯を炊き、熱いうちに塩、好みで実山椒を入れて混ぜ、常温になるまで冷ます。
2 塩サバの背骨を取り、洗う。ペーパータオルで水けをしっかりふく。
3 酢を手水にして、サバの背側から1の飯を詰める。
4 桶にポリ袋の口を広げて入れる。底に飯を平らに敷き、その上に3のサバを3本、重ならないように並べる。
5 その上にサバが隠れるくらいの飯をのせ、空気が抜けるようしっかり押さえる。
6 サバ3本、飯、サバ4本、飯と交互に重ね、3段詰めたら残った飯を入れて押さえ、竹の皮を並べる。袋をたたんで閉じ、落とし蓋をして、重しをのせる。
7 冷暗所に4週間ほどおき、酸味が出て味がなれてきたら食べ頃。サバの表面の飯をふき取り、2cmの輪切りにする。

鯖ずし

〈滋賀県〉

滋賀県には湖南、湖北、朽木《くちき》と地域によって異なる3種の鯖ずしがあります。京都に近い湖南では京風の発酵させない鯖棒ずし、豪雪地帯の朽木では長期間発酵させた酸味とにおいの強いなれずしが保存食として食べられています。

ここで紹介するのは湖北の鯖ずし。1カ月ほど発酵させた独特の味の生なれずしです。朽木のなれずしよりは発酵が進んでおらず、まろやかで自然な酸味が特徴です。

海に面していない滋賀県で、海の魚である鯖のすしがこれだけ多様に食べられてきたのは、京都へと続く「鯖街道」や「北国街道」を経由して、福井の若狭湾や敦賀湾で陸あげされた鯖が湖北や湖西に入ってきていたからです。湖北では、各家で漬けられた鯖ずしは、正月から3月にかけて行なわれる五穀豊穣を祈る伝統行事の「オコナイ」や春祭りに欠かせないごちそうとなっています。輪切りにした切り身は1人で3〜4切れ食べます。頭部はかたいので、ご飯や身の部分だけほじくり、余すところなく食べつくします。

協力＝肥田文子　著作委員＝堀越昌子

〈和歌山県〉

さんまのなれずし

「もう、なれずし仕込んだ?」県南東部、熊野川流域の熊野川町では12月に入るとこれが挨拶になります。この地域では塩魚とやわらかく炊いたご飯でつくったなれずしが正月の食べもの。以前は熊野川でとれた鮎でつくりましたが、昭和30年代にダムができてから漁獲量が減り、近年はサンマが一般的になりました。

できあがったなれずしは、発酵によって生まれた乳酸の穏やかな香りや酸味が魚の塩味と溶けこみ、独特の風味を醸し出します。魚の臭みや強い発酵臭はありません。

魚の塩抜きの加減、ご飯の水加減が難しく、その年の気温などにより毎年同じものはできません。男性は酒の肴として味にうるさく、「小言ずし」「文句ずし」とも呼ばれます。人にあげるので「やりずし」とも。50年つくり続けてきたという人は「じいちゃん(舅の親)がつくらせ上手で、上手にできなくても、塩辛かったら水飲んだらいい、塩少なかったら醤油かけて食べたらいいといって食べてくれたのでつくり続けられた」そうです。

協力=竹田愛子　著作委員=三浦加代子

<材料> 30本分

生サンマ*…30尾
塩…1.5kg(1尾あたり約50g)

米…1升2合
水…2升6合(4680mℓ)
塩…大さじ1

ウラジロ50枚、シュクシャ(ハナミョウガの葉)30枚、すし桶、重し、箱、ポリ袋

*脂が抜けたサンマがよい。

<つくり方>

【サンマの塩漬け】

1 サンマは頭を落とし背開きにして、大きな骨と腹わたを取り、きれいに洗う。たっぷりの3%塩水(分量外)に2時間ほどつけて血抜きし、水けをきる。
2 1尾ずつ塩をまぶし腹にも抱かせ、ポリ袋を入れた箱にきれいに並べる。落とし蓋をして蓋が沈むくらいの重しをのせ袋を閉じておくと次第に水が出てくる。涼しいところで20日以上おく(写真①)。

【仕込み】

1 すし桶は2〜3日前から水を入れ水漏れがないかを確認し、熱湯消毒をする。
2 サンマの塩漬けは、たっぷりの水に3時間ほどつけて塩を抜く。
3 米は前日に浸水し、塩を入れてご飯を炊く。沸騰の少し前に蓋を取り、しゃもじで丁寧に混ぜて米のかたまりをほぐす。吹きこぼれないように蓋をはずしたまま炊く。
4 炊けたら蓋をして20分蒸らす。ご飯の上にたまっている重湯(写真②)を全体に回すようにしゃもじで混ぜる。
5 ご飯が温かいうちに、サンマの長さに30本にぎって冷ます。
6 サンマは小骨や汚れを取ってきれいにし、ご飯をのせる(写真③)。
7 すし桶にウラジロの葉表を上にして敷き、**6**をご飯を下にしてシュクシャにのせ並べる(写真④)。
8 隙間なく並べたら蓋で押して平らにする。ウラジロの葉表を下に向けて並べ(写真⑤)、その上に葉表を上に向けて重ねる。つねに葉表が魚にあたるようにする。
9 その上に同様に**6**を並べる。最上段にはウラジロの葉表を下に向けてたっぷりのせ(写真⑥)、落とし蓋をして重し(5〜6kg)をして一晩おく。
10 翌朝、薄い塩水(水2ℓに塩大さじ1、分量外)を上まで入れて3週間寝かせる。
11 3週間後、逆押(さかおせ)をする。桶を逆さまにして、重しを上にのせて2〜3時間、余分な水けを出す(写真⑦)。
12 できあがり(写真⑧)。

③

④

⑤

⑥

①

⑦

②

⑧

撮影／高木あつ子

〈和歌山県〉

さいらずし

県南部で祭りや正月、人が集まる時になくてはならないのが、このさいらずしです。「さいら（さえら）」とはさんまのこと。酢漬けのさんまはサッパリしたなかにうま味が凝縮しており、脂の少ないさんまのほうがおいしくできます。脂ののったさんまは、身がやわらかく皮もむけてすしにしたとき見栄えがよくないといわれます。北の海で脂がのったさんまも、和歌山沖に南下してくる頃にはちょうどいい具合に脂が抜けているのだそうです。ダイダイ入りの漬け酢もさわやかな味にするポイント。ただしダイダイが多すぎると苦みがでます。

11月の祭りでは、重箱に入れた頭付きのさいらずしを親類に配りました。大量につくるのでさんまを開く作業は子どもも手伝いました。さいらずしが好きなら手伝いも楽しく、おかげでさんまの扱いも上手になったそうです。

さんまの開き方も地域によって違い、腹開きで背が上の青いすしは西に多く、背開きで腹が上の白いすしは東に多いようです。

協力＝道畑友子　著作委員＝青山佐喜子

撮影／高木あつ子

＜材料＞ 15～16尾分（20～30人分）

【すし飯】

米…1升

水…1升（1800mℓ）～1升1合（1980mℓ）

昆布…5cm角

みりん…大さじ1と2/3

合わせ酢

- 酢…1カップ
- 砂糖…150g
- 塩…大さじ1と2/3（30g）

【具】

サンマ…15～16尾（正味1.2～1.5kg）

塩…90～100g

漬け酢

- 酢＋ダイダイ果汁（1～2個分）…3.5カップ
- 砂糖…約40g

重し

＜つくり方＞

1 サンマは頭を落とし腹開きにする。腹わたと中骨をとる。塩を茶こしに入れてまんべんなくふりかけて、3時間以上おく。

2 1の塩を水で洗い流し、腹の小骨をすきとる。ザルにあげて水を切る。

3 2を漬け酢に2時間から2時間半漬ける。

4 すし飯をつくる。炊き上がりにみりんをふって混ぜ、つやを出してから合わせ酢を混ぜ合せる。

5 巻きすにラップを敷き、サンマの数に等分したすし飯を棒状に丸くかたくにぎり、形を整えてサンマをのせ、ラップで包む。7、8本ずつ並べ、その上にまな板をのせ、重し（約2.5kg）をする。1時間ぐらいおくとしっかりとかたまり、切ったときにも崩れず、切り口もきれい。

〈兵庫県〉

鯖ずし

播磨《はりま》の秋祭りで誰もが楽しみにしているのが鯖ずし。瀬戸内に面した東播磨では、今でも神社ごとの祭りの日に、カレンダーと関係なく学校が休校になる地域があったり、神輿をぶつけあう勇壮な祭りがあったりします。

祭りが近づくと鯖ずし用の開いた塩鯖が店頭に出回ります。多い家では50本もつくって親戚や近所に配り、交換して味自慢をします。鯖の大きさは中くらいがよく、尾がピンと立つものが格好がよいそうです。2～3日寝かせるとうま味が増しておいしく、発酵してなれずしのようになったものは、切って焼くとまた違ったおいしさだといいます。

兵庫県は日本海にも瀬戸内海にも接する広い県です。県内各地で鯖ずしがつくられますが、その鯖は地ものの生の鯖や塩鯖の他に福井や鳥取からの塩鯖も使われます。形状も三枚おろしを使う棒ずしに、箱ずしやにぎりずし、姿ずしと多様です。

協力＝細目早苗　著作委員＝富永しのぶ

撮影／高木あつ子

＜材料＞ 5本分

【すし飯】
うるち米…4合
もち米…1合
水…5カップ（1000mℓ）
合わせ酢
- 酢…3/4カップ
- 砂糖…大さじ5
- 塩…大さじ1

【具】
頭付き塩サバ…5尾
サバの合わせ酢
- 酢…2と1/4カップ
- みりん…1/2カップ
- 砂糖…1カップ

昆布…10cm×5枚

ハラン、すし箱、重し

＜つくり方＞

1. 塩サバは目玉、中骨、ヒレ、小骨をきれいにとって水に5時間つけて、水を替えさらに3時間つけて塩出しをする。
2. 水けをとり酢（分量外）で洗う。すり鉢に頭を上にしてサバを張りつけるように並べ余分な酢水をとる。
3. バットに移し、サバ、昆布がつかるように合わせ酢を入れ5時間以上おく。十分つかったら汁けをきる。
4. すし飯をつくり、舟形（円錐形）のおにぎりを5個つくる。
5. 布巾の上においたサバに**4**をのせ、すし飯を尻尾方向に伸ばし頭から尾まで詰める。
6. 反転させて、布巾で形を整えながら適度にかためる。これを5本つくる。
7. すし箱や密閉容器などにハランを敷き、**6**をきっちり並べてハランをかぶせる。敷き板などで均等に押しがかかるようにし、1kg程度の重しで軽く押さえる。1日寝かせてできあがり。2～3日後が食べ頃。
8. 姿のまま2cm程度の幅で筒切りにし、ハランにのせて出す。

〈島根県〉

鯖の姿ずし

しめ鯖を1尾丸ごと使った姿ずしは、西部（石見地方）では冠婚葬祭などに欠かせない家庭料理です。焼き鯖をほぐして入れる東部（出雲地方）のすもじ（p22）と異なり、背割りした尾頭つきのしめ鯖を使います。

この姿ずしのメインはしめ鯖。すし飯はあくまで脇役で、詰めるご飯は少量で鯖を味わいます。マサバでもゴマサバでもつくりますが、マサバは夏場に脂が酸化しやすく味が落ちるので、脂が少なく身焼けせず、一年中味が変わらないゴマサバが地元では好まれます。

西部では昔から鯖がよくとれ、家庭では値が安いときに桶に塩漬けして保存し、冷水で十分に塩抜きしてすしをつくりました。魚を使うすしの場合、すし飯を甘めにしますが、その甘いすし飯と、水分が抜けほどよく脂ののった鯖の組み合わせがおいしかったそうです。その昔と同じ味にできるのが、3時間塩漬けして三杯酢に漬けるつくり方です。すしが残ったら焼くとまた違った味が楽しめます。

協力＝宮本美保子、田子ヨシエ、金高梅子、木村美代子　著作委員＝石田千津恵

撮影／高木あつ子

＜材料＞ 1本分

サバ…1尾

三杯酢

- 酢…大さじ4
- 砂糖…大さじ4
- 塩…小さじ2

すし飯*…ご飯茶碗軽く1杯分(90g)

*すし飯の基本分量：米2合、水2カップ(400mℓ)、合わせ酢(酢大さじ2と1/2、砂糖大さじ2と1/2、塩小さじ1)

＜つくり方＞

1 サバは内臓をとって背割り(背開き)し、中骨と小骨をとり、塩(分量外)を厚くしっかりふって3時間ほどおく。

2 身がしまったら酢(分量外)で洗い、身全体が白く変わるまで三杯酢につけ、しめサバをつくる。

3 ラップの上にサバをおき、すし飯をサバに合わせて細長い形にしてのせる(写真①)。サバですし飯を包みこむようにラップごと巻き、ご飯がバラバラにならないように数時間なじませる。

4 形をくずさないように、2～3cmの筒切りにして盛る。

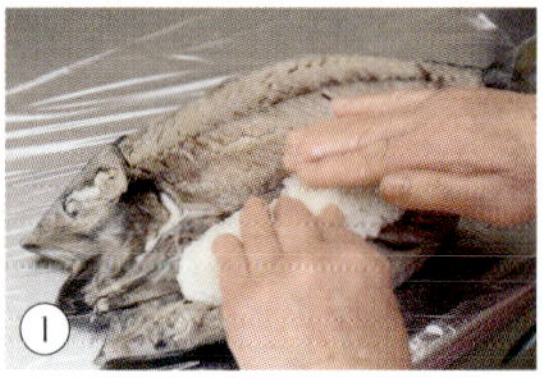

〈徳島県〉

ぼうぜの姿ずし

秋祭りになると各家庭でつくられる、徳島を代表するすしです。「ボウゼ」とは一般にはイボダイ、東京ではエボダイ、大阪ではウボゼ、シズと呼ばれる白身魚のことで、背開きしたものを酢で殺し（しめ）、ゆずやすだち、ゆこう、だいだいなどのカンキツ類の酢、木酢《きず》がきいたすし飯にのせます。魚は醸造酢でしめ、すし飯に木酢を使う地域が徳島では多くみられます。

ボウゼは秋祭りの時期になると、脂がのって身が厚くなりますが、酢でしめるとさっぱりとクセのない淡泊な味になります。酢でよくしめているので頭もやわらか。太平洋に面する県南部では秋祭りに限らず、あじやヒメチ（ヒメジ）、かますなどその時期にとれる魚で1年を通して姿ずしをつくります。

姿ずしは、魚に塩をして半日、酢につけて半日、それを姿ずしにして重しをして一晩と、つくるのに2〜3日かかります。昔は1升から2升の米を使い、祭りの当日には家族や親戚がそろって食べていました。

協力＝柳瀬喜久子、寺内昭子
著作委員＝三木章江

撮影／長野陽一

＜材料＞4尾分

【魚】
ボウゼ（15〜20㎝）…4尾
塩…魚の重量の10〜15％
酢…適量

【すし飯】
米…3合
水…3カップ（600㎖）
合わせ酢
- ゆず酢…1/4カップ
- 酢…大さじ2
- 砂糖…大さじ3
- 塩…小さじ1

すだち…2個

木箱、重し

ボウゼ（イボダイ）

＜つくり方＞

1 ボウゼは頭ごと背開きにしてエラ、内臓、骨、眼球を取り除き、流水できれいに洗い、水けをよくふく。
2 まんべんなく塩をふり、皮目を下にして半日から一晩おく。
3 酢（分量外）で洗い、水けをよくふき、浸る程度の酢に一晩つける。ザルにあげ酢をきっておく。
4 すし飯をつくる。
5 すし飯をボウゼの大きさに合わせてかための俵型（約250g）ににぎり、ボウゼをのせ形を整える。腹を手前に魚を横向きにする場合もある。木箱に並べ、重しをして一晩おくと魚のうま味と酢飯がよくなじむ。
6 姿ずしの上に、輪切りにしたすだちをのせる。

〈高知県〉

魚の姿ずし

高知にはさまざまな種類のすしがあり、独自のすし文化が根づいています。なかでも魚の姿ずしは重要で、鯖の姿ずしは「おきゃく（宴会）」で出す皿鉢料理に欠かせません。頭の先から尾までぎっしりとすし飯を詰め、頭と尾はピンと立てる。姿ずしは威勢よく盛りつけるのが土佐流儀。脂ののった冬のゴマサバに、たっぷりの塩とゆのす（ゆず酢）をきかせます。

鯖ずしは県全域で親しまれ、日常的にもよくつくられます。沿岸部ではとれたての生鯖で、山間部では塩鯖を谷川の清流でさらし、上手に塩を抜いてつくりました。

つくり方は親から子へ、また村ぐるみで執り行なう神祭《じんさい》、冠婚葬祭などの「おきゃく」で伝えられました。村には、素人ながら料理上手な男性がいて器用料理人と呼ばれます。この男性を中心に、共同で農作業する集まり（結《ゆい》）の小班である汁組《しるぐみ》が手伝いつくります。今は「おきゃく」があっても、仕出しを頼んだり店で行なうことが多く、その機会も少なくなりました。

協力＝古谷隆、岩目博子
著作委員＝小西文子

＜材料＞ 4人分

【魚】
ゴマサバ…中1尾（1kg）
アジ…中1尾
塩…魚の正味重量の3〜4%
ゆず酢…大さじ5〜6

【すし飯】
米…2合
水…2.1カップ（420mℓ）
合わせ酢
- 酢じめに使ったゆず酢…大さじ2と1/2弱（36mℓ）
- 砂糖…1/2カップ弱（60g）*
- 塩…小さじ1（6g）
- しょうが…1かけ（20g）

*砂糖の量は地域によって幅がある。ゆず酢は醸造酢より酸味が強いので、ゆず酢100%でつくるときは味のバランスをとるため砂糖を多く入れる。

＜つくり方＞

1 サバ、アジは背開きにして中骨、エラ、内臓を取り除き、流水で洗い、水けをふく。
2 身のほうはたっぷり、皮のほうは少なめに塩をまぶし、身を上にして、サバなどの大きい魚は1〜2日、アジなどの小さい魚は半日〜1日、冷蔵庫に入れる。脂がのっているサバは時間を長くする。
3 水洗いまたは酢洗いして水けをふき、ゆず酢に1〜2時間浸す。
4 身が白くなったら、腹骨、小骨を骨抜きでとる。薄皮を頭のほうから身にそって引っ張りながらむく。
5 3のゆず酢をこして砂糖、塩、しょうがのみじん切りを加えて合わせ酢をつくる。ご飯を炊き、すし飯をつくる。
6 まな板の上にラップを敷き、魚の水けをよくふいて身を上にしておく。すし飯を細長くにぎって頭から尾までたっぷりと詰め、元の魚の形になるように整える。
7 ラップで包んでギュッとしめるように巻き、すし飯から空気を抜く。そのままおいて形を落ち着かせる。半日以上おくと味がなじむ。
8 頭と尾はそれぞれ端から10cmのところで切り、胴の部分は1.5〜2cmの幅に切る。
9 頭は左に立て、胴は腹のほうを上に向けておき、尾は右に立てて盛りつける。

◎魚を浸した酢にはうま味が出ているので、こして無駄なく合わせ酢に使う。

◎すし飯を詰める時、サバの身の厚いところは内側からそぎ、厚みを均等にする。

◎魚に塩けがあり、すし飯にも味がしっかりついているので、醤油はつけなくてよい。

残った頭と尾は焼いて、あつあつをしゃぶるように食べる

山間地では川魚の姿ずしもつくる。奥はアメゴ（アマゴ）、手前はアユ

魚の姿ずしは、サバ以外にも季節にとれる魚でつくり、ごちそうとして楽しむ。左上からゴマサバ、イトヨリ、カマス、右上からアマダイ、アジ、ヒメイチ

高知の姿ずしは魚にすし飯をぎっちり詰める。左上からカマス、サバ、右上からイトヨリ、アジ、ヒメイチ

上からアジ、イトヨリ、サバ、ヒメイチ、カマス

撮影／長野陽一

〈熊本県〉

このしろの姿ずし

天草地域は、周囲を有明海、八代海、東シナ海に囲まれた県南西部に位置する島々。漁業がさかんな地域で海産物を使用した料理が数多くあります。

出世魚であるこのしろを丸ごと使った姿ずしは、正月や祝いごとのごちそうです。祝いごとでは、このしろの姿ずしと酢じめの魚をちらしたぶえんずし（p23）の両方をふるまう地域もあり、ぶえんずしはその場で食べるもの、姿ずしはお土産として1人2尾ずつ持ち帰るものとしているそうです。

背開きしたこのしろの腹にはすし飯がたっぷり詰まっており、丸々とした尾頭付きの魚が並ぶ姿は壮観です。このしろは甘酢に2、3日漬けることで、臭みがとれ、うま味が増すので醤油は必要ありません。酢が骨までやわらかくするので頭も骨も残さず食べられます。日がたってかたくなったときは、焙って食べると魚の香ばしさと甘酸っぱさが合わさり、できたてとは違ったおいしさです。

協力＝宮崎寛子　著作委員＝小林康子

撮影／戸倉江里

＜材料＞25尾分

コノシロ…25尾
塩…約900g
しょうが…2かけ
酢…5カップ
酒…3/4カップ強（170mℓ）
砂糖…400g

【すし飯】
米…1升3合
水…1升3合（2340mℓ）
合わせ酢
酢…1.5カップ弱（290mℓ）
砂糖…365g
塩…40g
白ごま…適量

＜つくり方＞

1 コノシロはウロコをとり、背開きにして流水できれいに洗う。
2 腹にすし飯が詰めやすくなるよう、腹びれを包丁や手で押して骨をつぶしやわらかくする。
3 1尾あたり塩大さじ2を腹の内側と表面にふり、冷蔵庫に半日おく。
4 水で洗ってから30分ほど水につけ、塩抜きする。
5 水けをふき取り、せん切りのしょうがを入れた甘酢に漬け、冷蔵庫に2日おく。
6 すし飯をつくる。
7 コノシロの腹にすし飯を詰める。上から巻きすを巻いて形を整える。
8 ごまをまぶし、食べやすい大きさに切る。

撮影／戸倉江里

＜材料＞ 20個分

【すし飯】
米…5合（750g）
水…10カップ強（1050mℓ）
合わせ酢
- 酢…1／2カップ
- 砂糖…150g
- 塩…小さじ3

小アジ（10〜15cm）…20尾
- 水…4カップ
- 塩…400g

甘酢
- 酢…1カップ
- 砂糖…130g

赤じその梅酢漬け*…20枚

＜つくり方＞

1. アジはウロコとゼイゴをとり、水で洗う。背開きにして、エラ、内臓、中骨をとり、流水できれいに洗う。
2. 水けをきったアジを塩水に3時間漬ける。透明な目玉が白濁する。
3. 流水で塩抜きし、骨抜きで小骨をとる。身が水で膨らみ、小骨はとりやすくなっている。
4. 水けをきり、甘酢に一晩漬けこむ。
5. すし飯をつくる。
6. すし飯60〜80gほどを楕円形ににぎって丸め、4のアジの腹に詰める。形を整え、赤じそを1枚巻く。

*赤じその梅酢漬け…しそは洗って水けをきり、10枚1束にする。塩は100枚に対し30g。1枚ごと塩をふり、容器に入れて水を少し加え、重しをして3〜4日間おく。水が上がったらしそを丸めてしぼり、アクを捨てる。束がくずれないように広口瓶に広げて入れ、ひたひたになるまで白梅酢を加え、1カ月ほどおく。

〈大分県〉

あじの丸ずし

豊後水道《ぶんごすいどう》、米水津《よのうづ》港でとれた小あじ（ぜんご）と赤じそを使った色鮮やかな姿ずしです。

米水津は起伏に富んだリアス式海岸の沿岸漁業がさかんな地域。家と海の距離も近く、家の前の岸壁からあじを釣ることができるほどです。昔は、祭りや運動会などの行事、来客がある度に、親戚の漁師や父親たちがあじを釣ってきて、各家庭であじの丸ずしをつくっていました。

下準備では、小あじを塩漬けしてから、1尾ずつ丁寧に小骨を取って甘酢に漬けていきます。小あじに巻きつける赤じそも、毎年、みかん畑に種をまくところから準備します。7〜8月になるとちょうどよい大きさになるので、摘みに行き、赤じその梅酢漬けを1年分仕込んでおくのです。こうして手をかけて、ようやくあじの丸ずしができます。魚の鮮度のよさと酢の効果で、生臭さはほとんどありません。さっぱりとした味の梅酢漬けの赤じそとあじ、甘めのすし飯の相性がよく、頭ごと2つ3つと食べられます。

協力＝坪矢美奈　著作委員＝望月美左子

比べてみよう 「すし」のあれこれ

本書に掲載されたすし80品を比較してみると、食材の使い方や調理法にその料理ならではの特徴や地域特性が見えてきます。レシピを読んで、つくって、食べるときに注目すると面白い、そんな視点を紹介します。

●食材に見る地域の味

すし飯に具材を混ぜこんだり、のせたり、詰めたり、くっつけたり、包んだり……。具に使う食材には、地域性が色濃く表われます。

ばらずし、ちらしずし、箱ずしの類は、魚介類と野菜、卵、紅しょうがなどを色鮮やかに取りあわせたハレの日にふさわしい華やかなすしの代表でしょう。具として共通するもののトップ3は、椎茸、卵、にんじん。ごぼう、かんぴょう、さやえんどうやそら豆など緑の豆類もよく使われており、油揚げ、でんぶなども全国的です。

一方、地域特性が出るのは魚介類の使い方です。その土地でとれた新鮮な魚介を酢でしめたり漬《づ》けにしたり煮炊きして、すしの主役として表面に飾るもの、すし飯にたっぷりと混ぜこむもの、存在感の出し方もさまざまです。たとえば、瀬戸内の鰆（p6、p98）、穴子（p8、p9）、エソ（p10、p93）、日本海側の鮭・マス（p59、p63、p71）。その他ぶり（p82）、鱧（p86）、カツオ（p17、p88）、まかり（p50）、ムツゴロウ（p100）、川魚のハエ（p49）やモロコ（p76、p78）など。エビの種類にも特徴があり、よりえび（p9）、かちえび（p13）、淡水の池エビ（p62）など、そのエビ抜きにはつくれないと地元の人がこだわる、食べ慣れた人だからこそわかる特別なおいしさがあるようです。

珍しい食材としては、藻貝（p6）や海藻の使い方（p36、p74）があります。知らない人だと「これをすしに入れるの？」と不思議に思うような組み合せ、たとえば、甘く煮た金時豆（p13、p20）や里芋をすし飯に混ぜこむもの（p20）などもあります。

姿ずしに使う魚にも多様性が見られます。定番の鯖（p107、p111、p112）（写真①）以外にも、さんま（p110）、あじ（p117）、このしろ（p116）、など青背の魚が多いことも特徴です。徳島のぼうぜ（p113）や高知のカマス、イトヨリなど（p114）、白身魚も使われます。

全国からの「お取り寄せ」で、地方の食材はほとんどがそろえられる時代になりましたが、やはり地元でないと買えないもの、その季節でないと手に入らない食材もあります。

●味の決め手「合わせ酢」の配合

すしは、酸味のある飯「すし飯」と具の組み合わせでできています。ですから、白いご飯をのりで巻いた韓国のキムパプは、のり巻きのすしに見た目はそっくりですが、すしとは呼べません。「ご飯（米）」がごちそうだった時代は、具は少しでもすし飯そのものをごちそうとして楽しんでいました。そのすし飯の味を決めるのが「合わせ酢（すし酢）」です。合わせ酢は、一般的に酢と砂糖と塩を混ぜてつくります。酢と砂糖の比率によって酸味と甘味のバランスがある程度決まり、塩による酸味の抑制効果も加わってすしの味を決めます。

本書のレシピでは、1合の米に対する割合に換算すると酢15〜25mℓ、砂糖5〜20g、塩0・8〜2gくらいにおさまっているものがほとんどです。

一般的な配合として、酢と砂糖を同容量

京都府の鯖ずし（p84）で使われた「一塩（ひとしお）もの」の鯖。背開きで、内臓がきれいにとられた状態で売られている。鮮魚と同じように三枚におろして使う。（撮影／高木あつ子）

と覚えている人も多いでしょう。米1升に対して酢を1合、砂糖1合、塩大さじ1として、あとは好みに応じて増減します。米1合に対してなら酢18㎖、砂糖18㎖（約12g）、塩1.5gとなります。

この基準からレシピを見返すと、米1合に対して酢の量が30㎖を超える魚ずし（p54）、わかめすし（p36）、熊本の南関あげ巻きずし（p37）、砂糖の量が控えめなちらしずし（p14）やにぎりずし（p47）、塩が多いいわしのほおっかむり（p48）、バッテラ（p87）、石切ずし（p96）、塩が少ない箱ずし（p78）、須古ずし（p100）と、味つけに特徴がありそうなすしが見えてきます。合わせる具に味がついているため、すし飯の調味料を控えめにしていることも考えられますし、すぐに食べるのか時間をおいて食べるのかによっても違いがあることが読み取れます。

醸造酢の一部、あるいは全部を、ゆずや平兵衛《へべず》酢などのカンキツ果汁でおき換えたすしもあります（p20、p52、p54、p114）（写真②）。

高知県のゆず酢。100％のゆず果汁1升に1合の塩を入れた「一合塩」（p52）。（撮影／長野陽一）

●腹を切るか、背を切るか

姿ずしで注目したいのは、まずは姿の美しさ、魚のしめ方、そしてすし飯とのバランス。家庭によっても、同じ県内でも地域によって違いがあります。見比べてみると、実にさまざまな魚が「姿」のままですしになっています。そして、魚のさばき方、切り方、盛りつけ方による違い、頭つきか頭をとるか、背で開くか腹で開くか、ご飯を下にして盛るか魚を寝かして盛るか、頭と尾を立てるか立てないかなどの違いが見えてきます。たとえば筑後のかますの姿ずし（写真③）は、腹開きは切腹を意味するので背開きとし、神社の祭礼に神様への豊作の感謝の印として尾頭つきでお供えするというように、それぞれに意味があります。

魚を食べ慣れていない外国の人にとって、尾頭つきの姿ずしはグロテスクかもしれません。日本人でも、姿ずしに慣れ親しんでいない地域の人にとってはぎょっとするものでしょう。そんな姿ずしの頭の部分も、地域によっては七輪で焼いてしゃぶって食べたといいます（p114）。それほどまでに魚は貴重品で、大事に食べつくしたわけです。すしに使う魚は、あじずし（p46）、にぎりずし（p47）のような生もありますが、多くは塩と酢でしめて用いられます。魚の大きさ、種類、脂ののりなどによって、塩のふり方、おく時間、切る大きさなどにも違いが出てきます。

福岡県・筑後地域（久留米市）のかますの姿ずし（レシピ掲載なし）。高良大社、北野天満宮の祭礼に米を奉納する入れ物「叺（かます）」にあやかってつくられる。（協力・小坪タマキ／著作委員・猪田和代）（撮影／長野陽一）

●いつ食べるか 人の集まりを何と呼ぶか

「何かごとのとき（p10）」「なんぞごと（p12）」「人寄せ、物日（p15）」「人寄り（p24）」など、人が集まる特別の日の呼び方は各地でさまざまです。農耕にまつわる「春ごと（p88）」「お日待ち（p8）」「氏神様の祭り（p31）」、小正月と盆の「藪入り（p56）」やひな祭りの「しがさんにち（p36）」、結婚式で振る舞われる「おちつき（p27）」など、年中行事や人生儀礼の繰り返しの中で定着した「〇〇〇には〇〇すしが欠かせない」という感覚が郷土のすしにはあります（写真④）。家の建前、おとうや（当番制）など、地域の中で招き招かれ、祝い祝われ共に食す機会がたくさんありました。同じ料理を隣近所でつくるので、当然ながらわが家とお隣の味を比べます。そうすることで、どんなつくり方がいいのか、気のきいた味にするにはどうするかなど、創意工夫が

兵庫県・北播磨地方（小野市）の鯖ずし（レシピ掲載なし）。秋祭りには鯖ずしと甘酒という、いずれも米を使った料理が欠かせない。（協力・村田好子／著作委員・片寄眞木子）（撮影／高木あつ子）

自然に積み重ねられました。

●ずっしり重い密度のあるすしか、ふんわり軽い食べ心地か？

本書の中では、人が集まるハレの日には、10人分、30人分を家族総出で、あるいは地域で協力してつくった話が多く出てきます。にぎりずし1人前というように1人分がきっちり決まっているわけでもなく、少しつまんで小腹を満たしてもいいし、しっかりお腹がふくれるまで食べてもいい。人が増えても対応できる。それがハレの日の「すし」のよさでした。

ですから、1人分の米の量を一概に比べることはできませんが、レシピを見ると一つ20gのにぎりずしから1切れ150gもある押しずしまで、1単位の米の量にはかなりの幅があります。カンカンずし（p99）は、投げてもくずれないといわれるくらいぎっしりとすし飯を押し、空気を抜くことで保存性を高めているようです（写真⑤）。一方、笹ずし（p58）や柿の葉ずし（p61）は、葉の上で形がくずれない程度にそっと重しで押す程度ですが、葉の抗菌作用で日持ちはいいと考えられます。すし飯の粒と粒の間にどれだけの隙間があるのか。一つの、1切れのすしの密度からも、全国にあるすしの多様性を切り取れます。

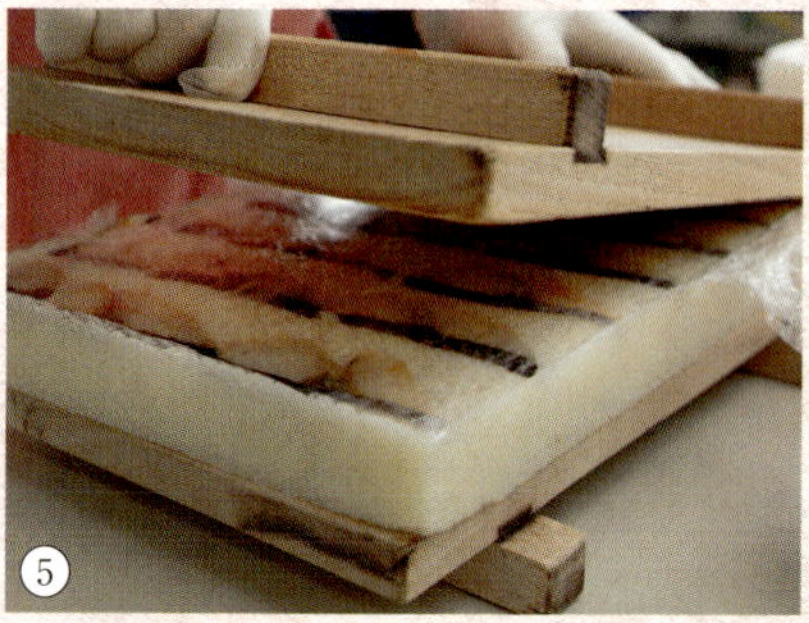

香川県のカンカンずし（p99）。時間をかけてしっかり押した木枠をはずしたところ。（撮影／高木あつ子）

●1960年代の「ごちそう」は何だったのでしょう？

すしそのものが、ハレの日のごちそうだったわけですが、その中に入れる具から、その時代の「ごちそう感」が見てとれます。たとえば、ちくわ。巻きずしに縦半分のちくわを巻きこんだり（p27の巻きずし）、刻んで具に混ぜこんだり（p15のかて飯）、ちくわだけでなくかまぼこも混ぜたり薄く切って表に飾ったり（p10のばらずし、p100の須古ずし）、少量の練り製品を上手に存在感があるように使っていました。鹿児島のすしにさつま揚げが入るのも特徴的です。練り製品は鮮度のよい魚肉をすり身にして手をかけて加工するものですから、贅沢品だったのです。

全国的に鯖のすしが多いのは、塩漬けにして日持ちをよくした塩鯖が、海に面していない内陸部の人びとにとって特別に貴重な海の幸として親しまれていたからです。鯖のほかにも、塩マス（p59、p60、p63）、塩引き鮭（p71）、塩ぶり（p82）など、大きな魚を塩漬けにしたものがすしの具として使われました。

現代では肉や乳製品の消費量が飛躍的に増え、また、流通の発達によって新鮮な魚が内陸部でも容易に手に入るようになったため、練り製品や塩鯖などの魚が「ごちそう」として意識されることは少なくなったかもしれません。ですが、身近に手に入るものでハレの日を祝う工夫をしてきたレシピの中に、それぞれの地域の伝統や文化が凝縮されています（写真⑥）。

長野県・飯田市伊豆木でのみ伝えられている鯖ずし（レシピ掲載なし）。祭りが近づくと塩鯖の入った木箱が静岡の浜から送られてきて、200戸の集落で1000本もの塩鯖が使われたという。（協力・古川みつほ／著作委員・中澤弥子）（撮影／高木あつ子）

⑦灰持酒。濃厚な甘みとうま味がある鹿児島の伝統的な酒で、火入れをしていないものは酵素が生きている。県内の3社で製造されている。（撮影／長野陽一）

●すし飯の味や香り、食感を支える名脇役

すし飯そのものがごちそうだった時代のすしは、冷めても、それだけ食べてもおいしい工夫がされています。だし昆布や煮干し（p16のみょうがずし）を加えてご飯を炊く、すし酢に昆布だしやみりんを加えるなど、味のベースとなるすし飯にうま味を補強するのです。さつますもじ（p25）や酒ずし（p105）のように、鹿児島ならではの発酵調味料「灰持酒《あくもちざけ》」（写真⑦）を使うことでうま味を増やすすしもあります。

すし飯に、香ばしい炒りごまと刻みしょうがを合わせたり（p50、p52）、焼き魚のほぐし身を加えたり（p20、p22）、鯖缶（p18）や鯛（p90）、アコウダイ（p44）、生ぶし（p88）のそぼろ（おぼろ）をたっぷりのせたり、加熱したすり身を混ぜこむすし（p10）もあります。地元でとれるクルミを使ったすし（p32、p40、p56、p58、p74）は、クルミの芳しい香りと心地よい歯ごたえがアクセントになっています。巻きずしでは、白板昆布（p34）、薄焼き卵（p31）、ハリワカメ（p36）、南関あげ（p37）など、何で巻くかに特徴が出るすしがあります。

葉っぱで包む、葉っぱにのせる、木や草の葉を使うすしもたくさんあります。変色しない、香りが移らないことをよしとするアブラギリ（p59）と、熱いすし飯で色が変わり香りが移ることをよしとする朴葉（p60）。葉っぱを使う理由もさまざまです。その土地でとれるものをうまく利用して、その土地らしい味と香りができあがっていくのです。

●すし飯のかたさいろいろ

青森県のいなりずしのように（p39）もち米100％のすしは珍しいですが、冷めて時間がたってもかたくならないようにもち米を1～2割混ぜてつくる笹ずし（p58）や鯖ずし（p111）があります。

一般的には、すし飯用のご飯はすし酢が入る分、少しかために炊くのが基本です。米1合（150g）をといで水切りした後、水1合（180mℓ）～1カップ（200mℓ）を加えて炊き、すし酢を30g前後加えるというレシピが多くありました。時間がたって食べるすしの場合、できたては多少やわらかいくらいのすし飯のほうが、食べる頃にはちょうどよいという例もあるでしょう。和歌山のさんまのなれずし（p108）のご飯はかなり水分が多めですが、これは20日間もつけこむ間に、ご飯がかたくなるのを防ぐためだそうです。

新米と古米の違いもありますから水の加減は米次第。何度もつくることで自分なりの好みのかたさ、味を見つけられるでしょう。

●時間も手もかけておいしくなる

つくってすぐ食べるすし、しばらくおいて味と形が落ち着いてから食べるすしと、食べるタイミングもいろいろです。すし屋の江戸前ずしは、にぎった先からすぐに食べるのが粋とされていますが、家庭でつくるすしはつくってから少しおいてもおいしいように工夫されていたり、行事のときにちょうどよい食べ頃になるように前もってつくっておくものも多くあります。

また、かんぴょうで巻いたり（p41）、色とりどりの具を組み合わせて個別に盛りつけたり（p51、p56）、見た目にも美しく、そして食べやすい工夫がされています。

数日かけて具の準備をして、前の晩や当日の朝から家族総出で仕上げたすしが、お客さんが来たらあっという間にお皿が空になったといいます。また、子どもの頃、できあがっていくすしを横目に見ながら、まだかまだかと我慢して待ち、その日は特別だからとたらふく食べられて幸せだったともいいます。

簡便さが優先されて時短料理が大はやりの昨今、段取りを考えて準備し、空腹をがまんして待ちわびるという感覚は薄れています。手をかけて、時間をかける過程を共有するからこそ、食べるときのおいしさもひとしお。そんな体験も受け継いでいきたいものです。

（福留奈美）

調理科学の目 1

多様なすしとその地域性

大越ひろ（日本女子大学名誉教授）

●「馴《な》れずし」から「早ずし」へ

　すしはつくり方によって、馴れずしと早ずしに大きく分けることができます。魚とご飯を合わせて自然発酵（主に乳酸発酵）し、熟成したものが馴れずしです。早ずしは、ご飯に食酢（合わせ酢）を加えて酸っぱい味に仕上げたものです。

　食文化の研究者である石毛直道氏は、すしの発祥地は米を主な主食とする東南アジアとしています（※1）。保存食としてご飯と魚肉と塩を漬け込み発酵させたもので、米粒は形がなくなるまでくずれてしまっているので、魚肉のみを食べていました。これをホンナレといいます。この場合ご飯は、漬け床としての役割です。日本で見られる代表的なホンナレは滋賀県琵琶湖岸に多い「ふなずし」です。熟成期間が1年近くあり、使われたご飯は粒がない溶けたような状態になっています。

　時代が進むと、ご飯はある程度酸っぱくなったがまだ米の形が残っている程度の発酵状態で、乳酸の味が移った魚とご飯を食べるようになりました。これをナマナレといいます。本書では姿ずしに分類される和歌山県のさんまのなれずし（p108）や滋賀県の鯖ずし（p107）などがそうです。ナマナレは室町時代中期頃からつくられたといわれています。

　魚の姿をそのまま残す姿ずしは、見た目はナマナレに似ていますが、ご飯と魚肉の両方に酢を加えて、一両日か即席で完成するものなので、馴れずしから近代的な早ずしへの移行段階のものといえます。

　早ずしにはさまざまな形態があります。酢飯の周りに魚を被せたものが棒ずし、逆に具を酢飯で包み海苔などで巻いたものが巻きずし、味つけをした油揚げに酢飯を詰めたものがいなりずしです。酢飯をにぎって具をのせたものはにぎりずし、酢飯に具を混ぜたり上に飾ったりしたものがちらしずしで、それらをさらに植物の葉で包んだものが葉ずしであり、箱などの器に入れて押したものが箱ずしや押しずしとなります。

　本シリーズは昭和35年から45年の間に家庭でつくられていた料理について聞き書きした調査をもとに編集しているので、登場するすしの多くは早ずしに分類されます。これらのすしと、これまでに行なわれてきたすしの研究のいくつかを照らし合わせて、地域性やつくられ方について考察してみたいと思います。

●すしの多様性と地域性を見る

　京都のそば屋では、そばとセットでいなりずしを注文する人が多いようです。京都のいなりずしは三角形、東京の俵型とは形が違います。今回掲載されているいなりずしでは、青森県（p39）と宮崎県（p42）のものが三角形をしていましたが、栃木県（p41）や茨城県（p40）のいなりずしは俵型です。このように、同じいなりずしでも地域によって異なる形をしています。

　食物史研究者の篠田統氏の調査によると（※2）、いなりずしは静岡や新潟などの東日本では四角（俵型に近い）が約95％、逆に大阪や岡山などの西日本では三角が90％となっていて、東西の差がはっきり認められると述べていました。ただし、篠田氏の調査は地域が限定されており、九州では三角と四角が混在していると報告されていますので、より広域な調査が必要でしょう。また、昭和62年にすしの好みについて全国調査をした結果からは、好ましいすしとしていなりずしが登場するのは東日本に多く、北海道14%、東北地方16%、北関東地方15%などとなっています(※3)。本書に掲載しているいなりずしはわずか4件ですが、東北の青森県、北関東の茨城県、栃木県、南九州の宮崎県と、東日本でより好まれるという調査結果と類似した傾向がみられます。

　ではほかのすしについてはどうでしょうか。東日本と西日本の明確な定義はないのですが、近藤弘氏の示した味覚の境界線を参考に、富山県、岐阜県、愛知県を西日本の東限として東西の比較をしてみます(※4)。

　掲載されているすしを見渡してみると、西日本のものが圧倒的に多く見られます。「ちらしずし」16件のうち、岡山、広島、愛媛などの中国・四国、熊本、宮崎などの九州地方の西日本が14件(88%)と多くなっていて、東日本は東京、神奈川の2件だけです。同様に、箱ずしは西日本が約90%、葉ずしは約80%を占めています。東北・北海道のすしがごくわずかしか見られないのも目をひきますが、北日本では「すし」よりも「もち」がハレ食として食べられてきたようです。

　一方、東西の差が少ないものとして、巻きずしとにぎりずしがあります。しかし、いなりずしで見られたように、地域の出現率よりも、形態に特徴が見られることもあります。

　にぎりずしでは東京都の島ずし(p45)、神奈川県のあじずし(p46)、静岡県のにぎりずし(p47)のいずれもが、生の魚か、醤油漬けにした生に近い保存性が低い具を使っています。一方、西日本では和歌山県のじゃこずし(p49)は砂糖や醤油で煮たものを具にし、岡山県のままかりずし(p50)や宮崎県の魚ずし(p54)は塩と酢でしめています。また、高知県のゆず酢の山菜ずしは醤油や甘酢で味をつけた山菜が具として登場し、いずれも保存性の高い具を使っているという点で、東日本との違いがあります。

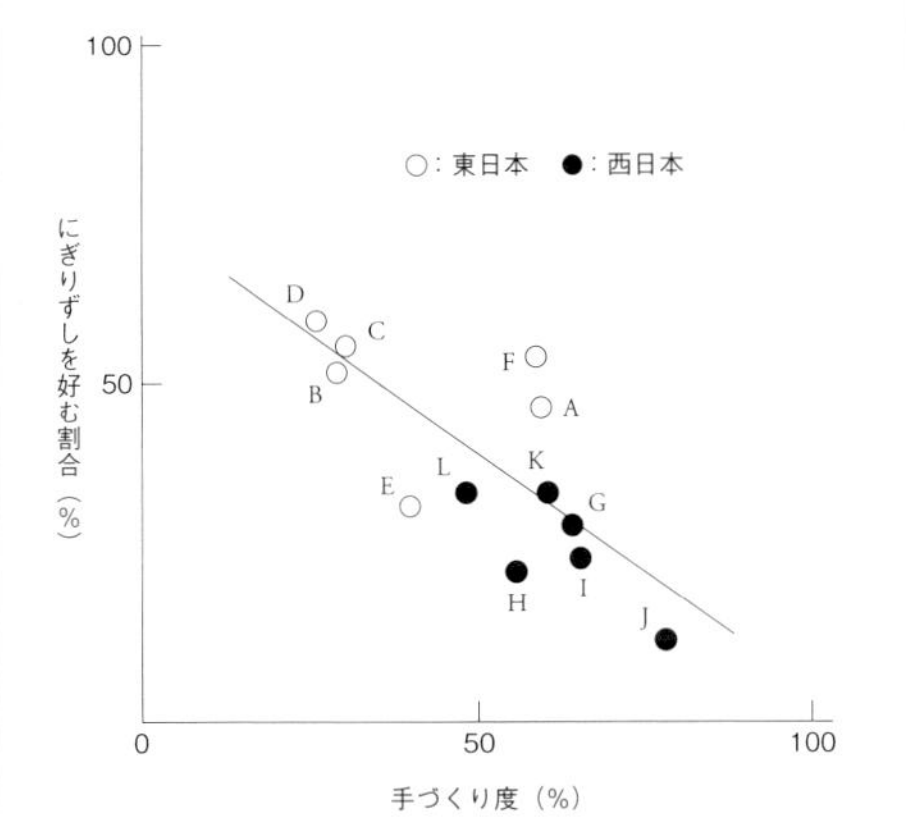

図　すしの手づくり度とにぎりずし志向の関係

●手づくり度は「西高東低」

　1987年にすしの好みについての調査で好ましいすしについて一つ挙げてもらったところ、にぎりずしを挙げた地域は、北海道47%、東北50%、南関東56%、北関東60%、東海53%と東日本が多くなっていました。それに対して、近畿や中国・四国では12〜29%にとどまり、逆に、ちらしずしが40〜57%を占めていて東西で異なる傾向になっていました。

　次に、すしを調達する手段について設問したところ、「出前」の率が高いのは東北40%、南関東45%、北関東54%で手づくりの30%を大きく上回っていました。一方、西日本では手づくりが60%以上でした。そこで図に手づくり度とにぎりずしを好む割合についてのグラフを示しました。明らかに、にぎりずしを好む○印の東日本の手づくり度が低くなっています。●印の西日本は手づくり度が高く、にぎりずしよりもちらしずしを好ましいすしとして挙げています(※3)。本書に表われた東日本と西日本のにぎりずしの具の違いと併せて考えると、どうやら、生に近い魚を利用したにぎりずしは家庭でつくるよりも、出前や持ち帰りずしなどで調達される傾向が強いようです。

　外食としてのすしは、1970年の大阪の日本万国博覧会で知名度を上げた回転ずしの広がりで、生魚を主な具としたにぎりずしが全国的に手軽に食べられるようになったといえます。また、スーパーマーケットやコンビニエンスストアでも持ち帰りずしとして、手軽に買えるようになったので、家庭でつくる機会が減っているようです。現在はさらに中食産業が盛んになり、手づくり度が低下しているでしょう。しかし、そのような状況でも、本書にあるように、さまざまなすしが地域でつくり続けられています。それぞれの家、地域でしかつくれない味こそ、次世代に引き継いでもらいたいものです。

【※1】石毛直道ほか『魚醤とナレズシの研究』(岩波書店)(1990年)。
【※2】篠田統『すしの本』(柴田書店)(1993年)。本書は初版発行が1970年で、本シリーズの調査対象期間とほぼ同時代である。
【※3】赤羽ひろほか「すしに関する利用意識と嗜好」『調理科学』第23巻第4号(1990年)。
【※4】近藤弘『日本人の味覚』(中央公論社)(1976年)。

調理科学の目 2

すし飯の好みに見える地方性

川染節江（元香川県明善短期大学学長）

すしは日本人の好きな食べ物として、いつも上位にランクされてきました。その調理法やすし飯の味つけ、使用する食材などは日本各地でかなりの違いがみられます。

生まれも育ちも香川県の私は、讃岐に伝わるすしの食文化の奥深さにひかれて今日に至っています。これまでに行なったすし研究の一端をご紹介したいと思います。

4種のすし飯の食べ比べ調査

すし飯の味つけは地方によって異なっています。そこで、香川県、滋賀県、富山県および首都圏の東京都、神奈川県、埼玉県、千葉県の7地域の若年者を対象に4種のすし飯を用意し、官能評価（人の感覚で評価する）を行なった結果をまとめてみました（※1）。

4種のすし飯の、米に対する酢と砂糖と塩の重量比は以下です。

①酸味型…酢7・3%、砂糖0・7%、塩0・6%

②甘味型…酢4・5%、砂糖5・5%、塩0・6%

③塩味型…酢4・5%、砂糖1・1%、塩1・5%

④中間型…酢5・5%、砂糖2・3%、塩0・9%

これらの味つけの異なるすし飯を、いつも食べているちらしずしの味と比べて好ましいかどうか5段階評価をしてもらったのです。

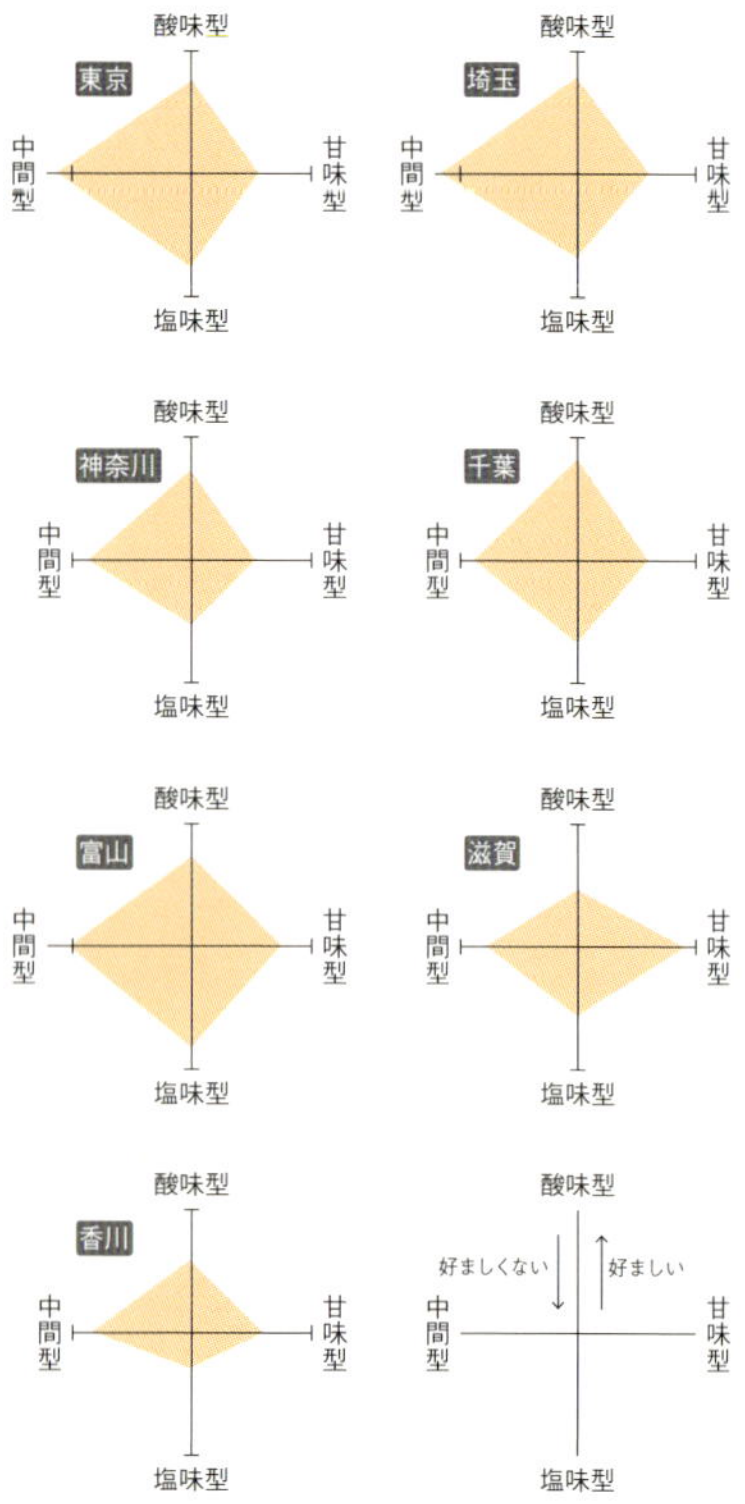

図　各地方の4種のすし飯に対する評価の類似性

東西の違いと県ごとの違い

調査結果を示す図は、4種のすし飯のタイプを頂点にしたダイヤグラムです。グラフが外側に広がるほど、そのタイプの好ましさが高いことを示します。この図を見ると、まず、どの地方でも中間型の味に対する好ましさが高い傾向が見てとれます。この配合が、ほぼ全国的に好まれる味と考えてよさそうです。

地方による違いでは、首都圏の東京都と埼玉県、神奈川県と千葉県は類似した傾向を示しており、富山県も似ています。しかし、滋賀県および香川県はそれぞれ異なった傾向で独自の嗜好性を持っています。西日本と東日本で異なった味の嗜好性の存在が明らかになったといえます。

また、首都圏と富山では、中間型に加えて酸味や塩味が強めの味も好まれているが、甘味が強い味は比較的好まれにくい傾向があります。逆に、西日本の滋賀、香川では酸味や塩味が強い味は、東日本ほどには好まれていません。

そして滋賀では中間型の味よりも甘味の強い味のほうがより好まれています。香川は塩味が強い味を「好ましくない」とする傾向が他の都県に比べると強いことがわかります。

他の地域や世代ではどんな傾向が表れてくるでしょうか。すしに対する嗜好は、印象で語られることが多いのですが、官能評価や統計による評価法などを用いることで、理論的な事実として明らかにできることがまだたくさんあると思われます。

【※1】川染節江ほか「すしめしの地方別嗜好性」『調理科学』第20巻第2号（1987年）。

都道府県別　掲載レシピ一覧

●1つが掲載レシピ1品を表します。

※添えものは含めない。項目ごとに五十音順。

本文中に掲載した協力者の方々以外にも、調査・取材・撮影等でお世話になった方々は各地にたくさんおいでです。ここにまとめて掲載し、お礼を申し上げます。（敬称略）

青森県
津軽あかつきの会、青森県農林水産部農林水産政策課、中南地域県民局地域農林水産部農業普及振興室、笹森得子

栃木県
企業組合らんどまあむ

埼玉県
日高市食生活改善推進員協議会

新潟県
鈴木貴江子、白澤恵子、石田千枝子、富沢幸子、山本静枝、山崎ツナ

福井県
中野静枝、川崎やゑ子、内海春江、笹木千代子、長谷川久美子、山本政子、グループマーメイド、御食国若狭おばま食文化館、ＪＡ福井県女性組織協議会

岐阜県
桑原文子、鈴木倶子、大前のり子、伊藤あけみ

静岡県
いとう漁業協同組合、伊東市役所

愛知県
河合紀代、辻孝子、熊谷千佳、清水知子、西中佳子、梶田清美、江崎恵利子、橋本由紀子

大阪府
米澤美栄子、米澤朋子、倉田裕子、狩野敦、城野久美子、松村勝子、谷聿子、平田久栄、加堂幸三郎、箕美佐子、吉尾禮子、松本美恵子、平岡君子

奈良県
北敦子

和歌山県
和歌山県各振興局（大東京子、畑田京子、西美保、武田眞理、森博子、花田裕美他）、紀州日高漁業協同組合、志賀きよみ

鳥取県
熊谷喜代子、長谷川良江、北山小百合

島根県
島根県立大学（平成28年度学術研究特別助成金）

岡山県
小椋隆子、草加みどり、今田節子

広島県
比原佐和子、福永英子、藤田恭子、栗栖靖子、谷本雅江、天王あつえ、西田信子、前本延恵、松田悦子、三舩朝子、焼中芳子

山口県
岩国じゃげな会

徳島県
豊崎淑子

愛媛県
松山市食生活改善推進協議会難波支部（渡部邦子、渡部弥生、萩山智恵子、渡部節子、渡部恵子、大星アツ子 他）、川端和子

高知県
松崎淳子、小松利子、弘田純清

熊本県
沼田貴美子、熊本県農林水産部・家入ひとみ、熊本県上天草市経済振興部・松下伊津子、熊本県県北広域本部玉名地域振興局・中本夕子

大分県
清永五郎、神田美津子、板井喜久代、筒井寿代、伊藤蓮枝、藤澤綾子、松原喜美子、江川みどり、矢田久美子

宮崎県
宮崎県東臼杵農林振興局・橋口美代子、西村由美、田中洋子

鹿児島県
東酒造株式会社

ゆず酢の山菜ずしと金時豆の押しずしをつくる（高知県北川村）　写真／長野陽一

左上から右へ　ばらずし（広島県西部瀬戸内海沿岸部）、大村ずし（長崎県大村市）、石切ずし（香川県さぬき市）、さんまのなれずし（和歌山県新宮市熊野川町）、このしろの姿ずし（熊本県天草地域）、柿の葉ずし（奈良県下市町）、巻きずし（群馬県渋川市）、須古ずし（佐賀県白石町）　写真／高木あつ子、長野陽一、戸倉江里、五十嵐公

全集
伝え継ぐ 日本の家庭料理

すし

ちらしずし・巻きずし・押しずしなど

2019年11月10日　第1刷発行
2023年4月20日　第2刷発行

企画・編集
一般社団法人 日本調理科学会

発行所
一般社団法人 農山漁村文化協会
〒335-0022 埼玉県戸田市上戸田2-2-2
☎ 048(233)9351(営業)
☎ 048(233)9372(編集)
FAX 048(299)2812
振替 00120-3-144478
https://www.ruralnet.or.jp/

アートディレクション・デザイン
山本みどり

制作
株式会社 農文協プロダクション

印刷・製本
凸版印刷株式会社

＜検印廃止＞
ISBN978-4-540-19183-1

Printed in Japan
定価はカバーに表示

乱丁・落丁本はお取替えいたします

本扉裏写真／戸倉江里（佐賀県・須古ずし）
扉写真／高木あつ子（p5上、70下、106上）、五十嵐公（p5下、26下）、戸倉江里（p26上）、長野陽一（p43、55、70上、106下）

「伝え継ぐ 日本の家庭料理」出版にあたって

一般社団法人 日本調理科学会では、2000年度以来、「調理文化の地域性と調理科学」をテーマにした特別研究に取り組んできました。2012年度からは「次世代に伝え継ぐ 日本の家庭料理」の全国的な調査研究をしています。この研究では地域に残されている特徴ある家庭料理を、聞き書き調査により地域の暮らしの背景とともに記録しています。

こうした研究の蓄積を活かし、「伝え継ぐ 日本の家庭料理」の刊行を企図しました。全国に著作委員会を設置し、都道府県ごとに40品の次世代に伝え継ぎたい家庭料理を選びました。その基準は次の2点です。

①およそ昭和35年から45年までに地域に定着していた家庭料理
②地域の人々が次の世代以降もつくってほしい、食べてほしいと願っている料理

そうして全国から約1900品の料理が集まりました。それを、「すし」「野菜のおかず」「行事食」といった16のテーマに分類して刊行するのが本シリーズです。日本の食文化の多様性を一覧でき、かつ、実際につくることができるレシピにして記録していきます。ただし、紙幅の関係で掲載しきれない料理もあるため、別途データベースの形ですべての料理の情報をさまざまな角度から検索し、家庭や職場、研究等の場面で利用できるようにする予定です。

日本全国47都道府県、それぞれの地域に伝わる家庭料理の味を、つくり方とともに聞き書きした内容も記録することは、地域の味を共有し、次世代に伝え継いでいくことにつながる大切な作業と思っています。読者の皆さんが各地域ごとの歴史や生活習慣にも思いをはせ、それらと密接に関わっている食文化の形成に対する共通認識のようなものが生まれることも期待してやみません。

日本調理科学会は2017年に創立50周年を迎えました。本シリーズを創立50周年記念事業の一つとして刊行することが日本の食文化の伝承の一助になれば、調査に関わった著作委員はもちろんのこと、学会として望外の喜びとするところです。

2017年9月1日
一般社団法人 日本調理科学会　会長　香西みどり

＜日本調理科学会 創立50周年記念出版委員会＞

委員長　香西みどり（お茶の水女子大学教授）
委　員　石井克枝（千葉大学名誉教授）
同　今井悦子（聖徳大学教授）
同　真部真里子（同志社女子大学教授）
同　大越ひろ（日本女子大学名誉教授）
同　長野宏子（岐阜大学名誉教授）
同　東根裕子（甲南女子大学准教授）
同　福留奈美（東京聖栄大学准教授）